# Bitcoin:
## Eine umfassende Einführung in die digitale Währung der Zukunft.

## Sebastian Wilde

# Inhaltsverzeichnis

Was ist der Bitcoin .................................................................. 1

Der Bitcoin – echtes Geld? ...................................................... 7

Der Bitcoin und seine Blockchain ........................................ 19

Das Mining ............................................................................. 31

Wallets .................................................................................... 39

Die Sicherheit ........................................................................ 46

Alternative Coins .................................................................. 51

Mit dem Bitcoin Geld verdienen ......................................... 55

Wie muss ich dabei vorgehen .............................................. 59

Welche Fehler sind zu vermeiden ....................................... 63

Im echten Leben .................................................................... 68

# Was ist der Bitcoin

Der Bitcoin ist eine relativ neue Währung für das Internet. Als Währung unterscheidet sich der Bitcoin erheblich von den althergebrachten Währungen. Trotzdem, oder vielleicht auch deswegen, hat der Bitcoin eine gewaltige Wertsteigerung erlebt. Das Internet und seine Nutzer sind in einem regelrechten Bitcoin-Hype geraten. Der Bitcoin wird dabei schon als digitales Gold bezeichnet.

Es kursieren unendlich viele Geschichten über den Reichtum, den manch einer mit dem Bitcoin für sich geschaffen hat. Da ist zum Beispiel die Story mit dem Studenten, der 2009 für nur 27 € ganze 5000 Bitcoins erworben hat. Dieser eine Kauf machte diesen Studenten zu einem Multi-Millionär, steht doch der Bitcoin bei momentan mehr als 2300 € pro Coin. Da wird dieser Hype schon verständlich. Man muss jedoch einen Blick dahinterwerfen, um zu verstehen, was der Bitcoin eigentlich ist und was er den Leuten bringt.

Als Allererstes muss man verstehen, dass der Bitcoin keine Währung im herkömmlichen Sinne ist. Die altbekannten Währungen werden von Zentralbanken ausgegeben und zusammen mit allen anderen Banken verwaltet. Neben den Banken kann man seine Euros und Dollars auch noch in bar in seiner Brieftasche oder seinem Safe daheim aufbewahren. Der Bitcoin jedoch verzichtet auf all diese netten Eigenschaften.

Den Bitcoin bekommt man nicht als Bargeld für den Safe daheim oder für die Brieftasche. Die Bitcoins existieren nur digital.

Sebastian Wilde

Damit sind sie auf ein entsprechendes Medium, sprich Computer, Smartphone, Memory Stick oder das Internet angewiesen.

Der Bitcoin braucht keine Zentralbank. Die einzelnen Coins werden im System des Bitcoins nicht von einem zentralen Institut ausgegeben. Die Nutzer des Bitcoins können die Coins selbst generieren. Der Bitcoin braucht auch keine normalen Banken. Jeder ist selbst seine eigene Bank und kann seine Coins digital von einer Person zur anderen bewegen.

All dies sorgt dafür, dass der Bitcoin sehr wichtige Eigenschaften besitzt, die ihn von den altbekannten Währungen unterscheidet. Als Erstes bedeutet dies, dass der Bitcoin dezentral funktioniert. Ohne eine Zentralbank gibt es auch keine Finanzaufsicht. Das Netzwerk aus Nutzern verwaltet den Bitcoin selbst. Das geht sogar so weit, dass alle Nutzer des Bitcoins ein Mitspracherecht haben und gemeinsam entscheiden, ob eine Transaktion innerhalb des Bitcoin-Netzwerkes eine echte Transaktion darstellt oder gefälscht ist. Es herrscht dabei das Konsensprinzip.

Das Netzwerk des Bitcoins hat seine eigenen Verwalter, die sogenannten Miner. Diese sorgen dafür, dass Transaktionen zwischen den Nutzern stattfinden können. Dies Miner sind es auch, die zuerst bestimmen, ob eine Transaktion genehmigt werden kann. Jeder innerhalb des Netzwerkes kann sich als ein solcher Miner betätigen. Es spielt dabei keine Rolle, wer der jeweilige Nutzer ist und welchen Hintergrund er in seinem täglichen Leben hat. Es gibt gleich mehrere Wege, um sich als Miner zu betätigen, die später noch genauer beschrieben werden.

# Bitcoin

Eine weitere, sehr wichtige Auswirkung der Dezentralität bezieht sich auf die Transaktionskosten. Wer von seiner alten Währung Geld transferieren möchte, braucht dazu eine Bank. Banken erheben mitunter erhebliche Gebühren. Dazu kommen, je nach Überweisung, mitunter tagelange Bearbeitungszeiträume. Wer nur innerhalb Deutschlands Geld überweist, wird damit keine Probleme haben. Wer jedoch den EU-Raum verlässt und Geld zum Beispiel nach Indien überweist, wird einige Tage warten müssen, bis das Geld angekommen ist. Dazu kommen noch die Gebühren, die je nach Bank und Land sogar mehr als 50 € betragen können.

Im Bitcoin-Netzwerk liefern die Nutzer die Infrastruktur. Der Transfer geht dabei in wenigen Minuten vonstatten und hat nur verschwindend geringe Kosten. Die Nutzer, die dem Netzwerk ihre Rechenkapazität zur Verfügung stellen, sind die oben erwähnten Miner. Diese bekommen als Entschädigung für ihren Aufwand neue Bitcoins. Damit generieren sie also selbst die digitale Währung.

Dieses Transferieren von Geld direkt über das Internet zwischen den Teilnehmern am Bitcoin-Netzwerk unter Ausschluss der Banken ist an sich schon revolutionär. Dazu kommt aber noch, dass es auch die Nutzung des Internets selbst revolutioniert.

Das Internet selbst war bereits für sich genommen eine Revolution. Dabei ging es um die Kommunikation und die Zurverfügungstellung von Informationen. Der Bitcoin geht jetzt aber noch einen Schritt weiter. Ging es zuvor nur um Informationen, zum Beispiel durch das Versenden von E-Mails, ist nun auch das Versenden von Werten möglich. Nun wird aber der eine oder andere bestimmt an das

Sebastian Wilde

Internetbanking, PayPal oder die Kreditkarte denken. Der Gedanke ist jedoch nicht so ganz richtig, denn in jeder dieser Geldtransfers ist eine Bank involviert. Der Nutzer des Internets gibt nur seiner Bank beziehungsweise PayPal den Auftrag, die Überweisung durchzuführen. Das ist keine direkte Versendung von Werten. Mit Bitcoin jedoch kann ein Wert, in Coins, von einer Person direkt zu einer anderen Person, ähnlich einer E-Mail, transferiert werden.

Jede Transaktion innerhalb des Netzwerkes von Bitcoin ist unveränderlich. Damit kann ein einmal gesendeter Betrag nicht zurückgefordert werden. Das gibt zum Beispiel dann Sicherheit, wenn man etwas verkauft. Man sendet die Ware ab und kann sich sicher sein, dass der Käufer eine einmal getätigte Zahlung nicht wieder storniert. Das gibt auch innerhalb des Netzwerkes Sicherheit gegenüber Fälschungen.

Der Bitcoin ist transparent. Alle Teilnehmer können das gesamte Netzwerk mit allen Transaktionen einsehen. Dadurch kann zurückverfolgt werden, wer was getan hat. Zusammen mit der Unveränderlichkeit der Transaktionen sorgt das für die nötige Fälschungssicherheit. Damit aber nicht genug. Niemand kann Geld überweisen oder versprechen zu überweisen, über das er nicht wirklich verfügt. Eine Überweisung, die nicht gedeckt ist, wird automatisch zurückgewiesen. Jeder kann sehen, wer über wie viel Geld verfügt. So kann niemand Zahlungen versprechen, für die er nicht über die nötigen Geldmittel verfügt.

Diese Transparenz geht Hand in Hand mit dem Konsensprinzip. Alle Mitglieder im Netzwerk können überprüfen, ob eine Transaktion gültig ist oder nicht. So können alle Mitglieder Fälschungen zurückweisen. Das verhindert ebenso den Aufbau von Machtpositionen durch einige wenige Nutzer. Wer in einem Finanznetzwerk zu viel Macht besitzt oder wenn ein zu starkes hierarchisches Prinzip vorherrscht, werden dadurch Fehlentwicklungen und Krisen begünstigt. Eines der wichtigsten Beispiele dafür ist die Finanzkrise der letzten Jahre. Das Konsensprinzip des Bitcoins beugt solchen Machtanhäufungen vor und sorgt für die nötige Stabilität.

Nun ist der eine oder andere bestimmt besorgt, dass diese Transparenz zu viel preisgibt. Dem ist jedoch nicht so, denn interessanterweise ist diese Transparenz mit dem Prinzip der Anonymität verknüpft. Das kommt daher, dass diese Transparenz nur so weit geht, wie es nötig ist. Das bedeutet, dass die Transaktionen und die Menge des verfügbaren Geldes zwar einem Nutzer zugeordnet sind, dieser Nutzer sich aber nur mit einem Pseudonym ausweist. Im Gegensatz zu einer Bank braucht man also keinen Personalausweis oder andere Identitätsnachweise. Man gibt nur ein gewünschtes Pseudonym ein und alle Transaktionen und der Stand der verfügbaren Coins bezieht sich dann darauf. Ein Nutzer kann auch mehrere Pseudonyme haben und damit seine Aktionen noch mehr verschleiern.

Hat man all diese komplizierten Eigenschaften erst einmal verstanden, kommt natürlich gleich eine neue Frage auf. Woher kommt der Bitcoin eigentlich?

Hinter dem Bitcoin steckt ein Name: Satoshi Nakamoto. Dieser Name ist beim Thema Bitcoin nicht mehr wegzudenken, denn die kleinste Einheit des Bitcoins trägt nach seinem Erfinder den Namen

Sebastian Wilde

„Satoshi". Diese Einheit hat einen Wert von einem Hundert-Millionstel eines Coins.

Von der kleinsten Einheit des Bitcoins abgesehen, weiß jedoch niemand so recht, wer sich hinter Satoshi Nakamoto versteckt. Dieser Name ist nämlich nur ein Pseudonym. Damit beginnt die Anonymität in Bitcoin schon bei seinem Erfinder. Handelt es sich dabei um eine einzelne Person oder eine Gruppe?

Nun kann die Frage nach dem „Woher" nicht beantwortet werden. Wie aber steht es mit der Frage nach dem „Warum"? Der Bitcoin ist sehr viel mehr als einfach nur eine neue Währung. Wäre dem nicht so, dann wäre er sehr wahrscheinlich bald wieder sang- und klanglos verschwunden. Mit dem Bitcoin verbinden sich auch Ideale. Die Banken haben in der Vergangenheit ihre Macht über die Währungen nur allzu oft ausgenutzt und damit Schäden verursacht. Sie haben die Finanzkrise geschaffen, sie machen mit ihrer Zinspolitik die Spareinlagen kaputt und sie verlangen horrende Gebühren.

Der Bitcoin hat eine neue Möglichkeit geschaffen. Wann immer jemand zu weit geht in dieser Welt, dann versuchen die Leute, diesen jemand zu stoppen oder zu umgehen. Gegen Regierungen gibt es Revolutionen und gegen Microsoft gibt es Linux. Das Geld jedoch war zu sehr zentral kontrolliert. Man konnte die Banken einfach nicht umgehen, es sei denn, man versendete Bargeld. Dies birgt aber eigene Risiken. Nun steht dank Satoshi Nakamoto ein Ausweg zur Verfügung. Anstatt sein Geld in offizielle Währungen mit all ihren negativen Seiten zu stecken, kann man eine private, freie und unbeaufsichtigte Währung verwenden.

# Der Bitcoin – echtes Geld?

Der Bitcoin wird als Währung bezeichnet. Damit schreibt man ihm die Eigenschaft von Geld zu. Gleichzeitig jedoch entzieht sich der Bitcoin dem, was man von einer Währung erwartet: Er entzieht sich den Banken und ist in keinem Staat ein anerkanntes Zahlungsmittel. Wie also kann es sich dabei um Geld handeln?

Diese Frage kann man nur beantworten, indem man einen Blick auf die heutigen Währungen wirft und den Bitcoin damit vergleicht. Woraus besteht das heutige Bargeld? Aus Papier. Papier ist jedoch nicht wirklich wertvoll. Genau genommen erhält das Papiergeld nur deswegen einen Wert, weil wir Menschen das so wollen. Genau so läuft es mit dem Bitcoin ab. War das zu schnell? Okay, dann gehen wir es langsamer an.

### Das heutige Geld

Egal, ob man nun in Deutschland mit Euro-Scheinen, in den USA mit Dollar oder wo auch immer mit welcher Landeswährung auch immer bezahlt. Alle Währungen haben eines gemeinsam. Sie sind auf wertlosem Geld gedruckt und damit eigentlich ein wertloses Fantasiegebilde, denn nur der Aufdruck verwandelt dieses Papier in Geld. Das war aber nicht immer so.

Am Anfang kannten die Menschen noch kein Geld. Sie lebten als Stämme oder Familien zusammen und bewohnten erst Höhlen und dann die ersten Behausungen. Aus diesen Behausungen wurden Dörfer. Die Dörfer unterhielten sich selbst. Alles was sie brauchten wie

## Sebastian Wilde

Essen, Kleidung und Werkzeuge stellten sie selber her. Dabei gehörte alles jedem und jedem alles. Man lebte in Frieden und war zufrieden.

Mit der Zeit aber fanden sich Leute, die neue Ware brachten oder neue Werkzeuge oder andere Sachen erfanden. Damit begann der Besitz des einen wertvoller als der des anderen zu werden. Weiterhin fingen die Leute an, sich zu spezialisieren. Ein Schmied konnte nicht auch noch ein Bauer sein und ein Bauer hatte keine Zeit, zu schmieden.

Es musste ein Weg gefunden werden, Waren und Besitztümer auszutauschen. Das geschah zuerst als direkter Tauschhandel. Der war innerhalb eines Dorfes noch möglich, aber auch dort mitunter kompliziert und beschwerlich. Die Waren mussten herumgetragen werden und der richtige Tauschpartner war auch nicht leicht zu finden. Entweder hatten die Leute nicht, was man selbst brauchte oder sie brauchten nicht, was man selbst anzubieten hatte.

Eine Lösung bestand darin, einen Wert unabhängig von der Ware zu schaffen. Jeder Ware konnte ein solcher Wert zugeordnet werden. Der Wert würde nicht nur den Handel innerhalb der Dorfgemeinschaft erleichtern, sondern auch Geschäfte mit vorbeifahrenden Händlern erlauben.

Ein solcher Wert war auch bald gefunden. Man nahm etwas, das selten war. Weil es so selten war, bekam es einen Wert. Am Anfang nutzten die Leute Metall. Seltene Metalle waren damals wie heute Kupfer, Silber und natürlich Gold. Diese Metalle konnte man in kleinen Stücken herumtragen. Dank ihrer Seltenheit verkörperten die relativ kleinen Metallstücke, gemessen an der Ware, einen relativ großen Wert. Jetzt konnten die Menschen ihre Ware gegen Gold, Silber oder Kupfer und dieses dann später gegen andere Waren eintauschen.

Der Wert, den man zum Tauschen nahm, brauchte aber noch eine weitere Eigenschaft. Er durfte nicht beliebig oft hergestellt werden. Viele Alchimisten versuchten, andere Stoffe in Gold zu verwandeln. Sie verstanden dabei nicht, dass im Falle eines Erfolges sie gleichzeitig ihren Misserfolg produzieren würden. Könnte man nämlich beliebig oft Gold herstellen, würde dieses Metall sehr schnell seinen Wert verlieren. Erst würden die Preise gehörig ansteigen und dann am Ende das Gold als Zahlungsmittel komplett abgeschafft werden. Kurz, der Wert musste in seiner Menge begrenzt bleiben. Dies gilt sowohl gegenüber einer befugten als auch gegenüber einer unbefugten Vermehrung.

Gold, Silber und Kupfer wurde in der damaligen Zeit geschürft beziehungsweise in Minen abgebaut. Diese Arbeit war beschwerlich und wurde daher oft von Sklaven erledigt. Diese arbeiteten jeden Tag und dennoch war die Ausbeute gering. So war sichergestellt, dass die verfügbare Menge an diesen wertvollen Metallen nicht zu schnell anstieg.

Gegen unbefugte Vermehrung wurde auch sehr bald ein Schutz gefunden. Windige Händler und weniger gewissenhafte Kreaturen fanden nämlich Wege, etwas wie Gold, Silber oder Kupfer aussehen zu lassen. Heute würde man dies als Fälschung bezeichnen. Diesen Fälschungen wurde auf einem sehr einfachen Weg ein Riegel vorgeschoben. Das geförderte Gold, Silber oder Kupfer wurde geschmolzen und dann in Münzen geprägt, die das Siegel des

Königshauses oder einer zuständigen Behörde trug. Dieser Prozess war so aufwendig, dass die Fälscher nicht mithalten konnten.

Es fehlte aber noch eine Kleinigkeit, um diese Geldmittel auch wirklich als Geld zu etablieren. Die Leute mussten sie akzeptieren. Dies geschah oftmals aus zwei Gründen. Als Erstes sahen die Leute einfach den Sinn ein. Es ist sehr viel leichter eine Handvoll Münzen mit sich herumzutragen, als kiloweise Fleisch, Kleidung oder was auch immer man eintauschen wollte. Der zweite Grund waren die Regulierungen der Könige und ihrer Untertanen. Sie gaben dem Geld die nötige Legitimität, damit das Volk ihm trauen konnte. Damit waren die ersten Währungen etabliert.

Im Laufe der Zeit haben sich die Leute an das Geld in Form der Kupfer-, Silber- oder Goldmünzen gewöhnt und niemand zweifelte es an. Oft gerieten jedoch die Währungen in Bedrängnis. Das geschah immer dann, wenn die entsprechenden Edelmetalle knapp wurden. Dann wurde versucht, den Anteil der Edelmetalle in den Münzen abzusenken und dafür andere Metalle hinzuzufügen. Schnell führten jedoch solche Versuche zu einer Abwertung der Münzen. So konnte es also nicht gehen. Es musste aber eine Lösung für zwei Probleme gefunden werden.

Das erste Problem war, dass die Werte, die von dem produzierenden Volk gemacht wurden, immer mehr anstiegen. Man brauchte also immer mehr Geld, das diesem Wert gegenüberstehen sollte. Gleichzeitig brauchten auch die Staaten immer mehr Geld, um ihre Ausgaben zu decken.

Bitcoin

Das zweite Problem war, dass die verfügbare Menge an Gold-, Silber- und Kupfer begrenzt war. Das betraf sowohl die Vorkommen selbst als auch deren Abbau.

Eine Lösung wurde bald gefunden. Anstatt die Edelmetalle in Umlauf zu bringen, sollte Papiergeld die neue Währung werden. Die Lösung klang an sich einleuchtend, aber wie sollte man die Leute davon überzeugen, ein solches Papiergeld überhaupt zu akzeptieren? Die Menschen waren es gewohnt, dass die Edelmetalle innerhalb der Münzen dem Wert der Münzen entsprachen. Papier ist jedoch sehr, sehr billig. Damit würde das Papiergeld einfach so wertlos sein, dass man es kistenweise mit sich herumschleppen müsste. Es musste ein Weg gefunden werden, dass die Leute den auf das Papier gedruckten Wert als echten Wert akzeptierten.

Aus diesem Problem entwickelte sich der Goldstandard. Hierbei bewahrten die Zentralbanken das Gold in ihren Safes auf und brachten so viel Wert in Banknoten in Umlauf, wie er dem Wert des aufbewahrten Goldes entsprach. Die Idee war, dass jeder Geldschein seinen Wert in Gold repräsentierte. Theoretisch konnte dann jedermann zu seiner Bank gehen und sein Papiergeld in Gold umtauschen.

Der Goldstandard überzeugte die Menschen. Sie unterließen es auch, ihre Papierscheine massenweise in Gold umzuwandeln. Die Scheinchen waren einfach leichter herumzutragen als Kilos von Gold.

Der Goldstandard hielt sich eine Weile, doch die Ereignisse schwemmten am Ende auch ihn davon. Kriege setzten die Währungen so unter Druck, dass sich der Goldstandard einfach nicht halten ließ. Das Papiergeld wurde von dem Goldpreis abgekoppelt und unabhängig davon als Währung genutzt. Hinter dem Papiergeld stehen nur noch die Aufsicht und die Garantien des Staates beziehungsweise der Zentralbanken.

## Der Bitcoin

Für den Bitcoin ergibt sich, dass er die gleichen Eigenschaften aufweisen muss wie das heutige Geld, die heutigen Dollars und Euros, um als Währung zu gelten. Fehlen diese Eigenschaften oder auch nur eine einzige davon, dann ist der Bitcoin nichts anderes als Monopoly-Geld, einfach nur ein Fantasiegebilde.

Damit der Bitcoin also wirklich Geld darstellt, muss er selten sein. Er darf nicht einfach so vermehrt werden und er muss als Zahlungsmittel akzeptiert sein. In dieser Aufzählung ist weder eine staatliche Anerkennung noch eine Teilnahme von Banken enthalten. Weder der Staat im heutigen Sinn noch Banken waren am Anfang der Entwicklung der Währungen als solche vorhanden, denn damals ging es um Stämme und Dörfer, und sie werden auch heute interessanterweise nicht wirklich benötigt.

Den Bitcoin als digitales Konstrukt selten und begrenzt zu erschaffen beziehungsweise zu halten ist weit schwerer, als es bei den alten Währungen der Fall ist. Dateien, Programme und Protokolle lassen sich mitunter sehr leicht kopieren. Bei Gold, Silber und Kupfer herrschte noch der Bergbau vor. Die Vorkommen waren selten und der Abbau beschwerlich. So konnte der Markt nicht mit diesen Edelmetallen überschwemmt werden. Münzen verhinderten das Fälschen der Edelmetalle.

# Bitcoin

Beim Goldstandard setzte das Gold der Menge des vorhandenen Papiergeldes Grenzen. Wasserzeichen schützten gegen Fälschungen. Nach dem Goldstandard ist es die Aufsicht der Zentralbanken und der Staaten, die gegen eine unbegrenzte Vermehrung schützen. Dazu kommen Wasserzeichen und Sicherheitsmarkierungen. Wie aber wird ein vergleichbarer Schutz beim Bitcoin erreicht?

Der Bitcoin ist ein privates Projekt. Es gibt keine Zentralbank und keine staatliche Finanzaufsicht. Das ist auch einer der Fakten, mit denen der Bitcoin selbst wirbt. Alle Teilnehmer beim Bitcoin sind ihre eigene Bank und teilen sich die gesamte Aufsicht. Der Bitcoin verfügt als digitales Geld auch nicht über Geldscheine. Damit entfallen Wasserzeichen und Sicherheitsmarken. Auch gibt es keine Goldbindung. Was also ist es, dass das erlaubte Vermehren begrenzt? Wie wird unerlaubtes Kopieren verhindert?

Jeder, der einmal an einem Computer gesessen oder ein Smartphone in der Hand gehalten hat, weiß, dass es sehr einfach ist, Dateien zu kopieren. Es ist ebenso einfach, Dateien zu erstellen. Man kann also beliebig viele Dateien erstellen und sehr schnell beliebig oft kopieren. Könnte man dies auch mit dem Bitcoin, also einfach neue Coins erstellen oder die Coins beliebig oft kopieren, würden zwei Dinge eintreten: Man selbst wäre schnell ein Bitcoin-Millionär und der Coin wäre ebenso schnell wertlos. Niemand würde ihn mehr kaufen oder akzeptieren. Die Währung wäre erledigt. Man muss also beliebiges Erstellen und Kopieren wirkungsvoll verhindern.

Das Zauberwort für den Bitcoin lautet Blockchain. Die Blockchain ist das dezentrale Netzwerk des Bitcoins. Sie erfasst jeden auch noch so kleinen Teil der Währung und jeden Transfer. Dies verhindert, dass unerlaubt neue Coins in das Netzwerk gelangen, ein eigenmächtiges Erstellen oder Kopieren der Coins ist so unmöglich.

Man könnte aber digitales Geld auf eine weitere Art vermehren, dem sogenannten Double Spending. Dabei wird ein Transfer einer vorhandenen Summe Coins durchgeführt. Danach wird die gleiche Summer gleich noch einmal von derselben Person transferiert. Man sendet also den gleichen Coin zweimal an zwei verschiedene Personen. Dies ist für sich selbst gesehen kein Kopieren, doch es hat den gleichen Effekt. Das Geld würde mehrfach ausgegeben werden und wäre damit mehrfach im System vorhanden. Dies gleicht dem Vorgang des Kopierens. Auch hier schützt die Blockchain, denn sie speichert alle Transaktionen und alle Coins. Wird also ein Coin transferiert, dann befindet er sich nicht mehr beim Absender. Dieser kann ihn dann nicht noch einmal transferieren.

Die Blockchain verhindert also das unerlaubte Vermehren des Bitcoins. Bleiben noch das erlaubte Vermehren und die anfängliche Seltenheit. Auch hier hilft die Blockchain weiter.

Die Blockchain erlaubt neben dem Besitzen und Transferieren auch die Erstellung der Bitcoins. Damit diese am Anfang selten sind, wurde mit nur wenigen Coins angefangen. In der Folge erstellen sogenannte Miner innerhalb der Blockchain neue Coins. Jeder innerhalb des Netzwerkes kann sich als Miner betätigen. Diese Miner müssen dabei mit ihren Rechnern komplizierte Berechnungen anstellen. Nur die schnellsten von ihnen haben Erfolg. Die Berechnungen verbrauchen Zeit und Energie und an ihrem Ende steht ein neuer Coin. Die

# Bitcoin

Prozesse sind dabei absichtlich sehr kompliziert angelegt, damit die Coins nicht zu schnell erstellt werden.

Das Ganze klingt bis hierher ein wenig zu einfach. Man erstellt einfach ein paar Protokolle für den Computer und legt mit seiner Währung los. Dies ist auch etwas einfach ausgedrückt und es ist unvollkommen. Es fehlt nämlich noch die wichtigste Zutat zu einer Währung. Sie muss als Zahlungsmittel akzeptiert sein. Nur dann ist der Bitcoin echtes Geld.

Beim Gold, Silber und Kupfer war die Akzeptanz einfach. Vor allem das Gold und Silber glänzten verführerisch und sahen gut aus. Diese Metalle waren selten und es war einfach nicht so aufwendig, sie herumzuschleppen. Die Kinder übernahmen die Einstellungen ihrer Eltern und ohne Probleme gingen diese Edelmetalle und die aus ihnen gemachten Münzen als Währungen in die Geschichte ein.

An Gold gewöhnt und dieses akzeptiert, war das Papiergeld am Anfang vielleicht etwas suspekt. Es bewährte sich jedoch und wurde allgemein von den Menschen akzeptiert. Wieder übernahmen die Kinder die Angewohnheiten ihrer Eltern und das Papiergeld ist damit echtes Geld geworden.

Als der Goldstandard über Bord geworfen wurde, hatten sich die Leute schon so an das Papiergeld gewöhnt, dass sie es nicht erneut in Frage stellten. Natürlich gab es Ausnahmen. Manche Währungen waren einfach von ihren Staaten so falsch bewertet, dass sie außerhalb und oftmals sogar innerhalb dieser Staaten keine Akzeptanz fanden. So war die alte Mark der DDR mehr ein Bezugsschein denn echtes Geld. Während diese Markscheine ordentlich Waren innerhalb der

Sebastian Wilde

DDR brachten, dort waren die Preise schließlich gesetzlich festgelegt, waren sie außerhalb dieses Bezugsscheinsystems faktisch wertlos. Von diesen Ausnahmen aber abgesehen, erfreut sich Papiergeld bis heute einer allgemeinen Akzeptanz. Diese Akzeptanz drückt sich dahingehend aus, dass man mit diesem Geld ohne Probleme Waren und Dienstleistungen bezahlen kann.

Der Bitcoin ist inzwischen ebenfalls akzeptiert. Er hat sich am Markt etabliert. Was bedeutet das? Leute verwenden ihre alten Währungen, ihre Euros, Dollars und Pfund, um den Bitcoin zu kaufen. Damit geben sie der Währung einen Wert. Man kann sie handeln und umtauschen. Sie ist damit für den einzelnen mit den alten Währungen gleichgesetzt.

Inzwischen haben auch Gewerbe den Bitcoin für sich entdeckt. Es ist nun möglich, Waren und Dienstleistungen mit dem Bitcoin zu bezahlen. Damit ist auch diese Hürde genommen und der Bitcoin ist nicht mehr nur etwas, was man kauft und handelt, sondern etwas, das man tatsächlich und direkt verwenden kann.

Mal abgesehen vom Bargeld selbst unterscheidet sich der Bitcoin nicht mehr vom Papiergeld. Beide sind künstliche Gebilde. Beide kann man nicht einfach so kopieren, herstellen oder irgendwo finden. Beide sind als Zahlungsmittel akzeptiert und beide werden als Währung umgetauscht. Der Unterschied zum Papiergeld ist der, dass es am Bargeld und an den Banken fehlt. Dafür jedoch kann man den Bitcoin online und direkt transferieren. Er entwickelt sich damit praktisch zum digitalen Bargeld des Internets.

## Bitcoin

Nicht alle jedoch lassen sich vom Bitcoin überzeugen. Noch immer gibt es genug Menschen und auch Wirtschaftsgelehrte, die dem Bitcoin die Eigenschaft einer Währung absprechen. Der erste und wichtigste Grund dafür ist, dass der Bitcoin nirgendwo ein gesetzliches Zahlungsmittel ist. Weiterhin untersteht er keinerlei Bankenaufsicht und es gibt keine öffentliche Regulierung. Diese Argumente verkennen jedoch die Eigenschaften einer Währung. Man kann sich aber die Gegenargumente auch direkt vornehmen.

Der Bitcoin ist nach dieser Kritik keine Währung, weil er nicht als gesetzliches Zahlungsmittel anerkannt ist. Das ändert aber nichts an seiner Eigenschaft als Währung. Man kann ihn benutzen, um etwas zu kaufen. Man kann ihn nutzen, um eine Dienstleistung zu bezahlen. Dazu kommt, dass man ihn in gesetzlich anerkannte Währungen umtauschen kann. Damit zählt dieses Argument nicht.

Das andere Argument zielt auf die fehlende Regulierung und Aufsicht. Wer aber macht die Regeln der Währungen? Die Regierung und die Zentralbanken nach Weisung der Regierungen. Die Regierungen jedoch werden vom Volk gewählt. Damit ist es das Volk, welches über die Währungen entscheidet, wenn auch indirekt. Beim Bitcoin liegt die Sachlage gleich. Das Volk, d. h., die Teilnehmer am Bitcoin, kontrollieren diese Währung und folgen den Regeln, die Satoshi Nakamoto für den Bitcoin festgelegt hat. Hier erfolgt die Kontrolle einfach direkt. Damit zieht auch dieses Argument nicht.

Damit kann man zusammenfassend feststellen, dass der Bitcoin eine Währung ist. Sie besitzt die grundlegenden Eigenschaften einer Währung und folgt den Prinzipien der alten Währungen, wie Regulierung und Kontrolle. Nur geschieht beim Bitcoin alles in privater Hand und nicht unter der Kontrolle des Staates. Dies unterscheidet den Bitcoin von den alten Währungen, es ändert aber nichts an seinem Status als Zahlungsmittel.

# Der Bitcoin und seine Blockchain

Der Bitcoin ist eine Währung, so viel steht nun fest. Er kommt ohne Banken und ohne Geldscheine aus. Dennoch muss er irgendwie übertragen werden. Da nun Geldscheine und Konten als Trägermedium ausfallen, muss ein neues Medium her. Dieses neue Medium muss dabei die Eigenschaften des Bitcoins als Währung erhalten: es muss unmöglich sein, die Coins einfach nach Belieben zu erschaffen oder zu kopieren oder doppelt auszugeben. Das Medium, das dies sicherstellt, ist die Blockchain.

Nun stellen sich viele die Frage, was eine Blockchain eigentlich ist. Wenn man das Wort „Blockchain" bei Google und Co eingibt, wird man viele Antworten finden, doch die wenigsten davon sind wirklich verständlich. Das liegt an vielen Missverständnissen, einer Menge technischer Ausdrücke und daran, dass die Blockchain so vieles ist und dennoch so vieles nicht ist. Das größte Problem ist, dass man etwas nur wirklich erklären kann, wenn man selbst es versteht. Die meisten Erklärungen wurden von den Erklärenden oft selbst nicht verstanden. Halten wir es also hier also so einfach wie es nur geht.

Als Erstes muss man verstehen, dass die Blockchain nicht der Bitcoin und der Bitcoin nicht die Blockchain ist. Das bedeutet nicht, dass das eine ohne das andere existieren kann. Die Blockchain ist das Trägermedium, das den Bitcoin erst ermöglicht. Der Bitcoin ist der Treibstoff, der die Blockchain antreibt. Ohne Bitcoin also keine Blockchain und ohne Blockchain kein Bitcoin. Man kann die

Sebastian Wilde

Beziehung zwischen beiden auch gern als Symbiose beschreiben.

Der Bitcoin ist eine Währung. Die Blockchain, als der Träger dieser Währung, ist ein digitales Protokoll. Dabei stellt die Blockchain für den Bitcoin das dar, was das Internet für die E-Mail ist. Wer mit dem Begriff Protokoll nichts anfangen kann, kann es auch einfach als Programm oder App ansehen. Dieses Programm, oder App, wenn man so will, erlaubt das Versenden des Wertes, den der Bitcoin darstellt.

Um die Funktionsweise der Blockchain zu verstehen, nehmen wir ein einfaches Beispiel. Sagen wir, zwei Personen wollen Geld übertragen. Die Person mit dem Geld ist Herr Anton. Herr Anton geht die Straße in seinem Heimatviertel hinunter und entdeckt etwas im Schaufenster eines kleinen Ladens. Er geht in diesen Laden und kauft es. Die Verkäuferin ist Frau Beate. Herr Anton wird die Ware natürlich bezahlen. Dazu zückt er seine Brieftasche, englisch übrigens Wallet genannt, nimmt die nötigen Geldscheine hinaus und überreicht sie Beate. Das ist einfach und direkt. Es gibt keine Bank, keine Bankgebühren und keine Wartezeit. Beide, Herr Anton und Frau Beate, haben die ganze Zeit die vollständige Kontrolle über das Geld.

Nun gestalten wir das Beispiel ein wenig komplizierter. Sagen wir, Herr Anton lebt in Dortmund. Frau Beate lebt in Berlin. Sie verkauft die gleiche Ware auf Ebay. Herr Anton findet sie dort und möchte die Ware kaufen. Dazu klickt er auf die entsprechenden Buttons. Er bekommt die Auktion zugesprochen und ist glücklich. Was wird er jetzt tun? Er wird bezahlen. Wird er dazu nach Berlin fahren? Nein, wahrscheinlich nicht. Er wird das Geld elektronisch senden. Dazu kann er seiner Bank die Anweisung geben, das Geld zu transferieren.

# Bitcoin

Er kann auch PayPal benutzen. In beiden Fällen jedoch haben wir mindestens einen Mittelsmann, die Bank oder PayPal. Dies gilt aber nur, wenn Frau Beate ihr Konto bei der gleichen Bank hat oder ebenfalls PayPal benutzt. Wenn nicht, dann gibt es gleich zwei Mittelsmänner. Die Bank von Herrn Anton und die Bank von Frau Beate. Das Gute in Deutschland ist, dass dies noch immer kostenlos vonstattengeht. Andere Staaten mögen Bankgebühren für eine Versendung von Bank zu Bank innerhalb des Landes haben und dazu auch noch eine gewisse Zeit für den Transfer brauchen.

Spinnen wir den Faden jetzt noch weiter. Sagen wir, Herr Anton befindet sich nach wie vor in Dortmund, Deutschland. Frau Beate jedoch hat ihren Shop in Kolumbien. Jetzt gibt es die Bank von Herrn Anton, um das Geld abzusenden. Dazu kommt die Bank von Frau Beate, um das Geld zu empfangen. Damit nicht genug, braucht der Transfer noch eine Bank dazwischen als Intermediär. Alle drei Banken brauchen Zeit für die Überweisung und alle drei Banken verlangen ihre eigenen Gebühren. Das kann je nach Land schon einmal eine Woche dauern und mehr als 50 € verschlingen.

Die Blockchain erlaubt nun, die Banken in der Mitte zu umgehen. Anstatt von Bank zu Bank, geht der Bitcoin von Person zu Person. Die Zeit für den Transfer reduziert sich so auf Minuten und die Kosten gehen auf wenige Cents herunter. Das klingt einfach, doch es bringt ein großes Problem mit sich. Dateien können einfach generiert und kopiert werden. Man muss also einen Weg finden, digitales Geld, hier den Bitcoin, so zu verschicken, dass jede Fälschung unmöglich wird. Fälschungen können dabei auf zweierlei Wegen vorkommen. Der eine ist eine Fälschung der Währungseinheit, also der Coins, und der andere ist eine Fälschung der Transfers.

Eine Fälschung der Coins wird verhindert, indem unerlaubtes Generieren oder Kopieren der Coins unterbunden wird. Das ist jedoch leichter gesagt als getan, denn die Coins sind digital und jeder Benutzer eines Computers weiß, wie schwierig es ist, unerlaubtem Kopieren Einhalt zu gebieten.

Die Transfers wiederum kann man fälschen. Das unterscheidet sich vom Kopieren oder Generieren von Coins. Man nimmt existierende Coins und versendet diese mehrfach. Bargeld kann man nur einmal übergeben. Nach der Übergabe hat man es selbst nicht mehr in der Hand und damit kann man es nicht erneut ausgeben. Digitales Geld dagegen hat man nie in der Hand. Wird ein Transfer nicht registriert, dann befindet sich das Geld immer noch bei einem selbst und man kann es erneut transferieren.

Die Blockchain verhindert beide Arten von Fälschungen. Das Wort Blockchain bedeutet übersetzt eine Kette von Blöcken. Man kann sich die Blockchain auch als Ringordner vorstellen. Anstelle der Kette tritt der Ordner und anstelle der Blocks treten die Blätter.

Jeder Block oder jedes Blatt innerhalb der Blockchain beziehungsweise innerhalb des Ringordners repräsentiert einen Transfer. Wie bereits festgestellt, ist der Bitcoin komplett transparent. Das kommt daher, weil jeder der Teilnehmer am Bitcoin in Wahrheit ein Teilnehmer an der Blockchain ist. Jeder Teilnehmer an der Blockchain kann die gesamte Blockchain von Anfang an einsehen. Man kann sich das so verstellen, als würde man in eine Bank gehen und dort die Liste aller Überweisungen und aller Kontostände einsehen. Die Blockchain ist also nichts anderes als das Kontobuch mit allen Überweisungen und allen Konten.

Kommen wir zurück auf unser Beispiel. Herr Anton wohnt noch immer in Dortmund, also in Deutschland, und Frau Beate in Kolumbien. Erweitern wir das Ganze noch ein wenig. Nehmen wir noch Frau Celine aus Kanada und Herrn Thorsten aus Thailand. Alle vier sind Teilnehmer der Blockchain und damit des Bitcoins.

Den Anfang macht Herr Anton. Er war der Erste aus diesem Quartett, der sich für den Bitcoin interessierte. Er erwarb zehn Coins. Dazu ging er auf eine Handelsbörse und bezahlte diese Coins mit Euros. Die Coins wurden zu ihm transferiert. Daraus ergibt sich ein Block in der Blockchain beziehungsweise ein Blatt im Ringordner. Dieser Block oder dieses Blatt lesen sich dann so:

BSR sendet 10 BTC an Anton

BSR steht für den User des Bitcoins, von dem Herr Anton seine zehn Bitcoins gekauft hat. BTC steht für Bitcoin. Dieser Transfer weist nun Herrn Anton als den Besitzer von zehn Bitcoins aus. Dieser Block der Blockchain beziehungsweise dieses Blatt des Ringordners kann von jedem anderen Teilnehmer der Blockchain gelesen werden. Damit weiß jeder, dass Herr Anton jetzt über zehn Bitcoins verfügt.

Einen Monat später tritt Frau Beate in Kolumbien der Blockchain bei. Aufgrund des transparenten Systems kann auch sie die gesamte Blockchain beziehungsweise den gesamten Ringordner einsehen. Das schließt natürlich auch den Block mit ein, der Herrn A als Besitzer von zehn Bitcoins ausweist.

Sebastian Wilde

Herr A hat nun etwas für ihn Interessantes im Shop von Frau B, den sie im Internet betreibt, entdeckt. Für den Kauf muss er fünf Bitcoins bezahlen. Er führt die nötigen Klicks aus und transferiert dann die Bitcoins. Der daraus entstehende Block liest sich so:

Anton sendet 5 BTC an Beate

Dies ist jedoch nicht der einzige Block. Dieser Block wird nämlich an die bestehende Blockchain angehängt. Diese ergibt dann das folgende Bild:

BSR sendet 10 BTC an Anton

Anton sendet 5 BTC an Beate

Ein Jahr später treten Frau Celine und Herr Thorsten der Blockchain bei. Auch diese beiden können alle Transaktionen nachverfolgen und damit die gesamte Blockchain lesen. Frau Celine in Kanada eröffnet nun ihrerseits einen Online-Shop. Frau Beate in Kolumbien findet diesen Shop und sieht etwas, das sie mag. Sie beschließt es zu kaufen und bezahlt dafür fünf Bitcoins. Dieser Transfer bildet wiederum einen neuen Block, der sich so liest:

Beate sendet 5 BTC an Celine

Dieser Block wird an die bestehende Blockchain angehängt. Diese nimmt nun die folgende Gestalt an:

BSR sendet 10 BTC an Anton

Anton sendet 5 BTC an Beate

Beate sendet 5 BTC an Celine

Bitcoin

Jeder andere Teilnehmer innerhalb der Blockchain kann jeden dieser Blocks sehen. Dies trifft auch auf die Blocks zu, die schon vor dem Beitritt des jeweiligen Teilnehmers zur Blockchain entstanden ist. Das System geht aber noch weiter. Jeder der Teilnehmer an der Blockchain hat eine Stimme. Damit kann jeder einen Transfer überprüfen und bestätigen, ob er richtig ist. Falsche Transfers werden so erkannt und von den Teilnehmern abgelehnt. Diese Überprüfung läuft automatisch im Hintergrund ab. So braucht man nicht permanent vor seinem Computer zu sitzen, um Millionen von Transaktionen zu überprüfen. Nehmen wir aber an, jemand würde versuchen, zu betrügen. In unserer Blockchain hat Frau Beate von Herrn Anton fünf Bitcoins erhalten. Diese wiederum hat sie bei einem Kauf im Onlineshop von Frau Celine ausgegeben und an zu ihr transferiert. Die Blockchain sieht so aus:

BSR sendet 10 BTC an Anton

Anton sendet 5 BTC an Beate

Beate sendet 5 BTC an Celine

Demnach hat Frau Beate im Moment keine Bitcoins. Die fünf, die sie erhalten hatte, gab sie schon wieder aus. Was würde nun geschehen, wenn Frau Beate versuchte, ihre fünf Bitcoins erneut zu transferieren? Sagen wir, sie entdeckt den Onlineshop von Herrn Thorsten in Thailand und möchte auch dort mit Bitcoins bezahlen. Dieser Block würde so aussehen:

Beate sendet 5 BTC an Thorsten

In die Blockchain eingebaut, ergibt sich folgendes:

Sebastian Wilde

BSR sendet 10 BTC an Anton

Anton sendet 5 BTC an Beate

Beate sendet 5 BTC an Celine

Beate sendet 5 BTC an Thorsten

Jeder Teilnehmer in der Blockchain kann sehen, dass Frau Beate fünf Bitcoins erhalten hat und danach diese fünf Bitcoins an Frau Celine weiter transferiert hat. Damit weiß auch jeder, dass Frau Beate über keine weiteren Bitcoins verfügt. Ein neuer über den Transfer von fünf weiteren Bitcoins würde dabei von allen Teilnehmern abgelehnt werden, denn Frau Beate verfügt einfach nicht über die Coins dafür. Einmal abgelehnt, würde dieser Block kein Bestandteil der Blockchain beziehungsweise dieses Blatt keine Seite des Ringordners werden. Einmal abgelehnt, verschwindet dieser Block und die Blockchain bleibt unangetastet und liest sich so:

BSR sendet 10 BTC an Anton

Anton sendet 5 BTC an Beate

Beate sendet 5 BTC an Celine

Damit kann kein Transfer gefälscht werden. Auf die gleiche Weise wird auch dem Kopieren und dem unbefugten Generieren der Blocks ein Riegel vorgeschoben.

Nun ist der Bitcoin dezentral. Es gibt keine Zentralbank oder irgendein zentrales Institut, in welchem sich ein Rechner befindet, der alle Transaktionen verwaltet und speichert. Dennoch braucht es eine Verwaltung und eine Speicherung der Blockchain. Die Speicherung geschieht im Prinzip auf jedem Rechner, der an der Blockchain beteiligt ist. Jeder Teilnehmer erhält also eine Kopie der Blockchain und bewahrt diese auf. Es ist aber nicht jeder Teilnehmer permanent online und es müssen die einzelnen Transfers geprüft, genehmigt oder gegebenenfalls abgelehnt werden. Hier kommen die Miner ins Spiel.

Die Miner sind Teilnehmer an der Blockchain mit besonders schnellen Rechnern. Sie halten permanent Ausschau nach neuen Transfers. Sie sind also immer online und sie verfügen über die nötige Rechenkraft. Sie sind sozusagen die Buchhalter der Blockchain.

Wann immer jemand einen Transfer vornehmen will, erstellt er diesen und sendet ihn in die Blockchain. Die Miner halten nach solchen neuen Transfers Ausschau und die schnellsten von ihnen können sich die Transfers schnappen. Sie werden mit komplizierten Berechnungen geprüft. Dabei geht es im Prinzip darum, festzustellen, ob der Transfer so richtig ist, ob die Teilnehmer auch wirklich vorhanden sind und ob sie über die nötigen Bitcoins verfügen. Ist diese Prüfung positiv ausgefallen, dann hängt der erfolgreiche Miner diesen Block an die Blockchain. Danach wird der neue Block mit dem errechneten Prüfcode als neuer Bestandteil der Blockchain an die anderen Teilnehmer gesendet. Diese aktualisieren dann die bei ihnen gespeicherte Blockchain, indem sie den neuen Block einfach anhängen. Dies gilt auch für Teilnehmer, die gerade nicht online sind. Sie erhalten das Update einfach ein wenig später. Die Miner wiederum erhalten für ihre Arbeit eine Entschädigung in Form von Bitcoins, doch dazu später mehr.

Der Bitcoin braucht die Blockchain als das Trägermedium und die Blockchain braucht den Bitcoin als Treibstoff. Der Bitcoin entschädigt die Miner für ihren Aufwand und die Miner sind die Buchhalter der Blockchain. In anderen Worten, die Miner betreiben die Blockchain und ihre Belohnung ist der Bitcoin. Damit kann der Bitcoin der Geburtshelfer von Vielem mehr sein, denn die Blockchain eignet sich zu mehr als nur zur Übertragung von Werten. Sie ist praktisch eine Neuauflage des Internets.

Die erste Anwendung der Blockchain könnten Smart Contracts sein. Diese Contracts könnten eine Ware mit der Bezahlung koppeln, so kann niemand den anderen betrügen. So könnte man online Musik oder Computerspiele mit einem Smart Contract kaufen und mit Bitcoins bezahlen. Werden die Bitcoins transferiert, schaltet der Smart Contract die Musik oder das Computerspiel frei. Dies kann man durch die Definition von einfachen Bedingungen erreichen. Die Zahlung löst den Download aus oder macht einen bereits erfolgten Download nutzbar. Dazu kann man auch noch eine auflösende Bedingung definieren. Wenn keine Zahlung erfolgt, dann wird der Vertrag automatisch null und nichtig.

Ein solcher Smart Contract könnte sogar einen Autokauf ermöglichen. Dabei ist die Bezahlung eine Bedingung, die dann per Internet die Zündung des Autos freischaltet. Man kann das Auto also erst nutzen, wenn es auch wirklich bezahlt hat. Das kann man sogar mit monatlichen Raten machen, bei denen das Auto monatlich durch eine erneute Zahlung freigeschaltet werden muss.

Banken und Ämter prüfen die Blockchain in Pilotprojekten ebenfalls. Dabei haben beide das Ziel, Infrastruktur und damit Kosten zu sparen. Die Banken könnten so Überweisungen stark vereinfachen und die Länder könnten die Steuern automatisch erheben. Selbst ein Steuerbetrug wäre nicht möglich, denn die Blockchain vergisst nie etwas. Man kann immer, auch nach Jahren, nachvollziehen, wer was getan hat.

Entwicklungsländer würden neue Chancen haben. Start-ups in diesen Ländern könnten sich etablieren. Mit geringeren Kosten wären sie konkurrenzfähig. Aufgrund der geringen Kosten für Geldtransfers und der kürzeren Zeiten für einen Transfer könnten sie sich über die Blockchain weltweit am Markt beteiligen. Für die Industrieländer wäre dies auch eine Chance, Arbeit in billigere Länder outzusourcen.

Diese geringen Transferkosten und die ebenfalls geringe Transferzeit sind noch nicht alle guten Eigenschaften. Dazu kommt auch, dass man die Bitcoins beliebig stückeln kann. Damit kann man auch kleinste Angebote mit entsprechend niedrigen Preisen wahrnehmen. Jeder Dienstleister oder jeder Laden, der etwas anbietet, dass man online versenden kann, wird damit zu einem weltweit agierenden Geschäft. Das trifft auch auf die Anbieter von Waren zu, die man überallhin verschicken kann.

Eine weitere Entwicklung, die bereits begonnen hat, würde sich auch in der Blockchain etablieren. Die Rede ist vom Self-Publishing. Heute muss man dazu noch bestimmte Plattformen benutzen, die ihre eigenen Regeln haben. Das Self-Publishing innerhalb der Blockchain würde es aber jedem einzelnen erlauben, alles online zu publizieren, was er oder sie selbst erschaffen hat. Dies können E-Books, eigene Videos oder eigene Songs sein. Die Bezahlung wäre einfach über Bitcoins abzuwickeln. Das Urheberrecht ließe sich ebenfalls waren. Man muss nur eine Datenschicht zum angebotenen Buch, zum Video oder zum Song hinzufügen, die das eigene Urheberrecht ausweist. Damit könnte ein Kunde einen Song nur dann für einen Freund kopieren, nachdem dieser einen Obolus an den Komponisten oder den Sänger entrichtet hat.

Man kann aber noch über diese Anwendungen hinausgehen. Was muss geheim und fälschungssicher ablaufen? Wahlen! Diese sind immer mit einem Aufwand für die Staaten und für die Wähler verbunden. Mit einer Blockchain könnte man seine Stimme fälschungssicher vom heimischen PC oder mit dem Smartphone abgeben. Man bräuchte also nicht zum Wahllokal fahren oder sich mit einem Antrag für eine Briefwahl herumschlagen. Der Staat würde Geld sparen und die Ergebnisse wären praktisch augenblicklich erhältlich.

Selbst die Versicherungsindustrie hat die Blockchain entdeckt. Smart Contracts würden es ermöglichen, Versicherungen genau auf die Verhaltensweisen der Versicherungsnehmer abzustimmen. Wer zum Beispiel gern schnell fährt, würde über den Smart Contract bald in eine höhere Preisstufe für seinen Versicherungsvertrag gelangen.

Die Blockchain ermöglicht das Versenden von Werten. Sie ermöglicht den Bitcoin. Doch das ist nicht alles. Die Blockchain wird sich weiterentwickeln und so wie vor nicht allzu langer Zeit das Internet eine Menge neuer Möglichkeiten bringen. Es bleibt nur abzuwarten, welche sich davon bewähren werden. Schon das Internet hat eine Menge Start-ups erlebt, die keinen Bestand hatten. Dennoch hat sich das Internet sicher und überzeugend etabliert. Das Gleiche kann mit der Blockchain geschehen.

## Das Mining

Die Miner des Bitcoins erschaffen neue Coins. Sie sind die Buchhalter der Blockchain. Sie verifizieren Transfers. Sie fügen neue Blocks in die Blockchain. Sie verfügen über eine Menge Rechenpower. Jeder kann ein Miner werden.

Für die Funktion der Blockchain wird, ähnlich wie für das Internet, eine ordentliche Menge Rechenleistung benötigt. Ständig müssen Server online sein. Nun ist aber das Internet ein Ort, der sich von seiner eigentlichen Idee entfernt hat.

Ursprünglich wurde das Internet geschaffen, damit Universitäten untereinander Informationen austauschen können. Bald jedoch wurden die Potentiale eines solchen Netzwerkes entdeckt und es entwickelte sich zu vielmehr. Es wurde ein Internet für jedermann. Jeder konnte alle Informationen abrufen, alle Anwendungen betreiben, alles sehen und alles wissen. Diese Idee wurde jedoch auch schnell wieder vergessen. Dies kommt von einem einfachen Fakt: Wer eine Website will, braucht Webspace.

Webspace bedeutet nichts anderes, als dass ein Computer ständig online ist und seine Daten zur Verfügung stellt. Auf diesen Rechner kann man seine eigene Website einrichten und jeder kann sie sehen. Nun ist es aber nicht unbedingt einfach, auf diese Weise seine eigene Website zu betreiben. Der Rechner verbraucht Energie. Er ist vielleicht nicht schnell genug, um einem Zugriff von tausenden von Nutzern zu bedienen. Man braucht spezielle Tools und eine Menge Fachwissen.

## Sebastian Wilde

Die natürliche Entwicklung, die sich dann im Internet ausbreitete, waren Rechenzentren. Deren Rechner werden von Fachpersonal betreut. Die Rechenleistung ist hoch genug. Dazu gibt es jede Menge Festplattenplatz und schließlich sind diese Rechenzentren auch gut vor Hackern geschützt. Daher bietet es sich an, anstatt die eigene Webseite auf einem eigenen Rechner ins Internet zu stellen, einfach nur ein wenig Kapazität in einem solchen Rechenzentrum zu mieten. Dies brachte jedoch eine Zentralität, die viele Nutzer als die Pervertierung des Internets ansehen.

Diese Zentralität des Internets ist nicht nur schlecht. Es ermöglicht jedem, eine eigene Webseite zu betreiben. Es brachte aber auch weitere Zentralisierungen. Darunter fallen App-Stores, Online-Märkte wie Ebay und noch jede Menge mehr. Sie ermöglichen unterschiedliche Aktivitäten mit minimalen Ansätzen. Sie bedeuten aber auch eine Informationshoheit der Anbieter solcher Angebote. Dazu kommt eine territoriale Macht.

Wer immer ein Online-Angebot wahrnimmt, muss sich registrieren. Sollte dieses Angebot kostenpflichtig sein, kommen dazu noch die nötigen Bankinformationen, Kreditkarten und was immer der jeweilige User benutzt. Diese Informationen sind aber nicht unbedingt sicher. Plattformen und Rechenzentren sind wiederholt Opfer von Hackerangriffen geworden. Man weiß also nicht, ob die eigenen Informationen gestohlen und missbraucht werden. Man hat einfach keine Kontrolle über die Sicherheit in diesen Zentren.

Die territoriale Hoheit bedeutet nichts anderes, als dass die Plattformen ihre eigenen Regeln machen. Wer sich also bei Ebay und

## Bitcoin

Co anmelden will, muss diesen Regeln entsprechen. Diese Regeln mögen aber nicht immer im eigenen Sinne sein. Schlimmer noch, es sind die Plattformen, nicht Gerichte, die über einen Verstoß entscheiden. Damit kann man schnell von den Plattformen verbannt werden, ohne wirklich eine Regel gebrochen zu haben.

Die Blockchain und der Bitcoin bringen nun eine Abkehr von dieser Zentralität. Man braucht keine Kontoinformationen einzugeben. Niemand kann an die eigenen Coins gelangen. Jeder kann seinen eigenen Shop einrichten und betreiben. Wie das alte Internet jedoch, braucht ein solches Netzwerk Rechenzentren. Wie im alten Internet, so kosten auch die Rechenzentren Geld und müssen dementsprechend für ihren Aufwand entlohnt werden. Das führte zur Blockchain als neues, dezentrales System mit dem Bitcoin als Treibstoff.

Ein Miner stellt seine Rechenkraft der Blockchain zur Verfügung. Jeder kann ein Miner werden. Dies bewahrt das Prinzip der Dezentralität. Die Miner führen alle Berechnungen durch, die für die Blockchain nötig sind. Das bedeutet, die Miner sind es, die die Transfers überprüfen, genehmigen und in die Blockchain einfügen.

Jeder neue Transfer wird in das System der Blockchain gesendet. Die Miner sind permanent online und suchen nach solchen neuen Transfers. Finden sie einen, dann fangen sie an, eine Prüfsumme zu errechnen. Diese Prüfsumme ist zufallsgeneriert. Der Miner generiert also permanent neue Prüfsummen, bis er eine findet, der diesen Transfer als richtig ausweist. Der Miner weiß nicht, wie die Prüfsumme aussieht. Daher ist diese Berechnung sehr aufwendig. Wird keine Prüfsumme gefunden, dann ist der Transfer ungültig. Findet er eine

Prüfsumme, wird diese mit dem Transfer verbunden. Damit ist der Transfer verifiziert und wird ausgeführt. Daraufhin sendet der erfolgreiche Miner den verifizierten Transfer zusammen mit der Prüfsumme in die Blockchain. Das ist dann ein neuer Block, der von allen anderen Minern an die Blockchain angehängt wird. Die anderen Nutzer werden diesen Block ebenfalls an ihre Blockchain anhängen, sobald sie online sind und die Blockchain aktualisiert wird. Damit ist dann jeder auf dem neuesten Stand.

Für die Berechnung braucht der Miner eine Menge Rechenkraft. Diese Rechenkraft kommt von Servercomputern, die häufig in Regalen angeordnet sind, um gemeinsam an den Rechenproblemen zu arbeiten. Dies bringt einen großen Aufwand für den Miner. Zuerst muss er die Rechner anschaffen. Die heutigen Heimcomputer reichen dazu längst nicht mehr aus. Er braucht Platz für die Rechner. Die Rechner verbrauchen Strom. Die Rechner produzieren Wärme. Sie müssen gekühlt werden. Die Kühlung verbraucht wiederum weiteren Strom. Damit nicht genug. Der Aufwand für jede weitere Operation steigt. Die Blockchain wird immer länger und damit immer schwieriger zu berechnen. Der Leistungshunger nimmt also permanent zu und die Rechenleistung muss dementsprechend mitwachsen. Die Miner müssen also für ihren Aufwand entschädigt werden.

Die Entschädigung für die Miner sind die Bitcoins. Jedes Mal, wenn sie eine Rechenoperation erfolgreich abschließen, produzieren sie einen Coin oder einen Bruchteil eines Coins. Damit gleichen sie den Minenarbeitern früherer Zeiten. Während diese sich durch Erde und Gestein arbeiten mussten, um an das Gold oder Silber zu gelangen, arbeiten sich die Miner durch die Rechenoperationen. Daher werden sie auch Miner und ihre Operationen Schürfen genannt.

Das Protokoll des Bitcoins erlaubt das Schürfen von insgesamt 21 Millionen Coins. Diese Zahl ist noch längst nicht erreicht, aber schon jetzt ist der Rechenaufwand gewaltig. Dies ist auch beabsichtigt. Das Protokoll des Bitcoins ist absichtlich kompliziert gehalten. Hätten die Miner nur die eigentlichen Transfers zu genehmigen, währen die gesamten 21 Millionen Coins innerhalb von Stunden geschürft. Daher sind die Prüfsummen zufallsgeneriert und ihre Berechnung mit anderen Operationen erschwert. Dieser Aufwand wird auch absichtlich immer komplexer, je mehr Coins bereits geschürft wurden.

Die Folge eines solchen komplexen Protokolls ist, dass zwar jeder in der Theorie zu einem Miner werden kann, dazu aber in der Praxis nicht seinen heimischen PC verwenden kann. Am Beginn des Bitcoins sah dies noch anders aus. Damals konnten die Miner ihre Operationen als Hobby betreiben. Ein einfacher PC war genug. Gut, man musste ihn online halten, das war aber noch kein Problem.

Bald waren genug Coins geschürft, dass die Operationen für die Heimcomputer zu kompliziert worden. Es werden nämlich nur die schnellsten Miner belohnt. Wer zu lange für die Berechnung braucht, dem schnappt ein anderer den Block vor der Nase weg. Damit mussten die Miner aufrüsten. Erst wurden neue, schnellere Rechner angeschafft. Doch auch bald reichte das nicht mehr aus.

Besonders findige Miner entdeckten bald, dass auch die Grafikkarten diese Berechnungen ausführen konnten. Daher stellten sie sich um. Anstatt direkt mit dem PC, schürften sie lieber mit dessen Grafikkarte. Vor allem die neuesten Grafikkarten sind verdammt schnell. Sie haben jedoch einen großen Nachteil. Sie sind energiehungrig und sie überhitzen leicht. Man brauchte also Kühlung. Ventilatoren, Klimaanlagen, all das verbrauchte aber noch mehr Strom. Schlimmer noch, bald erreichten auch die Grafikkarten ihre Leistungsgrenzen.

Nun könnte man zwar einfach immer mehr Rechner mit immer mehr Grafikkarten zusammenschalten, doch das würde auch zu immer mehr Stromverbrauch und immer mehr Kühlungsaufwand führen. Ein Ausweg musste gefunden werden. Dieser Ausweg waren besondere Chips, die einzig auf die Berechnung der Blockchain ausgelegt waren. Diese Chips, ASIC-Chips genannt, können nichts anderes tun. Sie sind nur zur Berechnung der Operationen geeignet, die die Blockchain antreiben. Dafür sind sie aber wesentlich schneller und verbrauchen weit weniger Strom. Heute werden die Miningzentren mit Regalen voller Computer mit ASIC-Chips ausgestattet. Schon bald aber wurden auch die ASIC-Chips sehr energiehungrig, denn die Regale wurden immer größer. Das bedeutet mehr Strom, aber auch mehr Kühlung. Heutzutage lohnen sich Miningoperationen in Eigenregie nur noch in Ländern, die die Kühlung natürlich unterstützen und einen geringen Preis für ihren Strom verlangen.

Das klingt jetzt direkt danach, dass das Aus für die Heim-Miner gekommen ist. Das würde jedoch gegen das Prinzip der Dezentralität sprechen und irgendwann würde ein Miningzentrum den Bitcoin ganz einfach komplett beherrschen. Dem ist aber nicht so, denn die Heim-Miner haben ebenfalls einen Weg gefunden.

Ein Miningzentrum besteht aus vielen Computern, die zusammenarbeiten. Die alten Miningzentren, überall in der Welt verteilt, können mit den neuen Zentren in kalten Ländern mit niedrigen Stromkosten nicht mehr mithalten. Die Miner müssten also ihre Rechner entsorgen oder eine neue Beschäftigung für sie finden. Gerade mit den ASIC-Chips ist es aber nicht möglich, andere Operationen auszuführen. Anstatt nun aber die Chips wegzuwerfen, haben die alten Miner eine Lösung gefunden. Sie schließen sich einfach über eine Cloud zusammen. Damit werden die Heim-Miner und die kleineren Miningzentren zu einem großen Minerverbund. Sie gleichen den Rechnern in einem Regal in einem großen Miningzentrum, nur dass ihre Rechner nicht in einem Regal in einem Raum stehen. Sie stehen an vielen Orten und sind durch das Internet miteinander verbunden. Zusammen sind sie jedoch stark genug. Sie können gemeinsam Transfers finden und genehmigen. Sie führen die dazu nötigen Operationen gemeinsam aus und sie teilen sich den Profit, sprich, die Coins. Jeder Miner erhält einen Anteil an den Coins, die seinem Anteil an der Rechenkraft entspricht.

Die Idee ist noch immer, dass jeder ein Miner werden kann. Das Cloudmining ermöglicht dies auch heute noch, auch für kleine Miner. Das Problem ist aber, dass selbst die kleinen Miner dazu besondere Rechner mit ASIC-Chips benötigen. Wer sich an einer Cloud mit einem heimischen PC beteiligt, wird schnell herausfinden, dass sein Profit zu klein ist. Der Anteil, den man damit an jedem geschürften Coin enthält, wird nicht die Energiekosten decken. Das gilt auch, wenn man die Grafikkarte benutzt. Man wird also nicht um einen ASIC-Chip herumkommen, wenn man einen eigenen Rechner einsetzen will.

Es gibt aber noch immer einen Weg für neue Miner, auch ohne ASIC-Chips zu arbeiten. Dazu kann man aber nicht den eigenen Rechner verwenden. Vielmehr mietet man einen Cloudserver, der über die entsprechende Rechenkraft verfügt. Man muss aber vorsichtig sein. Man bezahlt die Miete nämlich unabhängig davon, ob die Minenoperation erfolgreich ist. Man kann leicht mehr für die Miete bezahlen, als man durch das Mining erhält. Daher muss man die Preise sehr gut vergleichen und sich langsam an die Materie herantasten. Da sich aber Preise, sowohl für die Server als auch für die Coins und der Rechenaufwand für die Coins ständig ändern, geht eine genaue Besprechung der Cloudserver über den Rahmen dieses Buches hinaus. Man muss einfach den aktuellen Stand recherchieren, wenn man in diese Art Mining investieren möchte.

Zusammenfassend kann man erneut feststellen, dass die Blockchain den Bitcoin ermöglicht und der Bitcoin die Blockchain antreibt. Es ist die Blockchain, die die Bitcoins transferierbar macht. Es sind die Miner, die diese Operation durchführen. Sie tun dies aber nicht einfach aus Gefälligkeit, sie wollen einen Profit damit machen. Dieser Profit ist der Bitcoin, den sie für ihre erfolgreichen Rechenoperationen erhalten. Damit ist der Bitcoin der Antrieb der Miner. Das eine kann ohne das andere nicht existieren.

# Wallets

Bitcoins kann man transferieren. Man kann sie schürfen. Man kann sie handeln, umtauschen und mit ihnen bezahlen. Aber kann man sie auch aufbewahren? Bitcoins sind digitales Geld. Man kann sie also nicht einfach so in seine Brieftasche stecken und mit sich herumtragen. Sie haben keine Bank. Man kann sie also nicht auf sein Konto einzahlen. Dennoch muss es einen Weg geben, die Coins aufzubewahren.

So wie es für Bargeld Brieftaschen oder Portemonnaies gibt, so gibt es natürlich auch eine entsprechende Aufbewahrung für Bitcoins. Diese Aufbewahrungsmöglichkeit wird Wallet genannt, aus dem Englischen für Brieftasche. Diese Wallets sind im Grunde genommen nichts anderes als ein Schlüssel. Wenn man zu einem Teilnehmer an der Blockchain wird, braucht man einen Schlüssel für die Transfers. In Wahrheit gibt es aber zwei Schlüssel, einen öffentlichen und einen privaten. Der öffentliche Schlüssel erlaubt es der Blockchain und damit jedem Teilnehmer, zu überprüfen, über wie viele Bitcoins jemand, beziehungsweise das Pseudonym, verfügt. Der private Schlüssel, die eigentliche Wallet, erlaubt den Transfer der Bitcoins. Man sollte diesen privaten Schlüssel sehr sorgfältig aufbewahren, denn es ist der einzige Zugriff auf die eigenen Coins. Wer ihn verliert, hat auch seine Coins verloren. Man ist eben seine eigene Bank. Die Wallets gibt es im Wesentlichen in fünf Versionen, als Desktop-Wallet, Mobile-Wallet sowie Online-, Hardware- oder Paper-Wallet.

Sebastian Wilde

## Desktop-Wallet

Eine Desktop-Wallet befindet sich, wie es der Name vermuten lässt, auf dem Rechner. Sie ist nicht permanent mit dem Internet verbunden. Damit bringt sie ein gewisses Maß an Sicherheit. Wenn man die Blockchain des Bitcoins herunterlädt, bekommt man direkt eine Desktop-Wallet mitgeliefert. Mit ihr kann man seine Coins aufbewahren und transferieren. Für die Aufbewahrung braucht man natürlich nicht online zu sein, für den Transfer der Coins jedoch braucht man das Internet.

Neben der hauseigenen Desktop-Wallet gibt es aber noch andere, die man sich über App-Stores herunterladen kann. Diese Wallets haben oftmals besondere Eigenschaften, die sie von der Haus-Wallet unterscheiden. Zum Beispiel wären da Amory und DarkWallet.

Armory ist eine Desktop-Wallet, bei der es vor allem auf die Sicherheit der Coins ankommt. Mit ihr werden besonders hohe Anforderungen an einen Transfer gestellt und sie ist mit anderen Vorkehrungen verbunden, die ein ungewolltes Transferieren der Coins verhindern.

DarkWallets dagegen zielen auf die Anonymität ab. Während die Anonymität in der Blockchain des Bitcoins bereits eingebaut ist, geht dies einigen Anwendern nicht weit genug. Im Prinzip ist die Anonymität nicht wirklich gegeben, sondern es handelt sich um eine Pseudoanonymität. Während man seinen Namen hinter einem Pseudonym versteckt, kann jeder andere Teilnehmer der Blockchain einsehen, welches Pseudonym über wie viel Coins verfügt und welche Transfers dieses Pseudonym vornimmt. Damit lassen sich Muster ablesen und dem Pseudonym Personen zuordnen. Die DarkWallet soll das verhindern. Dazu verfügt eine Person über mehrere Pseudonyme und die DarkWallet transferiert die Coins zwischen diesen ständig hin und her.

### Mobile-Wallet

Eine Mobile-Wallet ist im Grunde genommen eine einfache App, die man sich auf sein Handy herunterlädt und mit der man seine Coins verwalten kann. Damit kann man dann überall, selbst unterwegs, seine Coins transferieren. Selbst für die Smartwatch gibt es bereits eine Mobile-Wallet.

Dies ist alles etwas einfach ausgedrückt. Eine Mobile-Wallet unterscheidet sich nämlich erheblich von der Desktop-Wallet. Letztere lädt die gesamte Blockchain herunter. Damit ist der Nutzer immer auf dem neuesten Stand und hat den vollkommenen Überblick. Die Blockchain verfügt jedoch über Gigabytes an Daten. Die würden ein Smartphone schnell füllen und mehr noch, sie würden die Verbindung überlasten beziehungsweise die Kosten für diese Verbindung erheblich in die Höhe treiben. Daher verfügt die Mobile-Wallet über ein vereinfachtes Bezahlsystem. Damit ist sie erheblich kleiner, aber man kann mit ihr nicht die gesamte Blockchain einsehen.

### Online-Wallet

Die Desktop-Wallet und die Mobile-Wallet haben natürlich ihre Beschränkungen. Die Desktop-Wallet kann man nur von seinem Computer aus verwenden. Die Mobile-Wallet ist nicht nur eine verkürzte Blockchain, auch diese Wallet ist an das Smartphone gebunden, auf dem sie installiert wurde. Wer aber nun nach Belieben zwischen Geräten wechseln und überall, daheim wie unterwegs, seine

Coins verwalten will, der braucht eine Alternative. Diese Alternative wird heutzutage überall angeboten. Es handelt sich dabei um die Online-Wallet.

Eine Online-Wallet ist eine Wallet, die auf einem Server hinterlegt ist. Online-Börsen, so wie Coinbase, bieten Online-Wallets automatisch für den eigenen Account an. Der Vorteil ist, dass man sie wirklich immer und überall verwenden kann. Dabei spielt es keine Rolle, welches Gerät man dazu verwendet. Man braucht nur seine Account-Daten. Natürlich muss man dafür online sein, doch ein Transfer der Coins verlangt ohnehin einen Internetzugang.

Wie alles im Leben, so kommen auch diese Vorteile nicht ohne wesentliche Nachteile. Die Online-Wallet befindet sich nämlich nicht wirklich in der eigenen Hand, sondern auf dem Server eines Anbieters. Man hat keine Kontrolle über dessen Sicherheitsvorkehrungen oder dessen Regeln. Damit kann man schnell ein Opfer von Hackern werden oder aber man muss die Plattform aufgrund von Regeländerungen verlassen. Da der Bitcoin als Coin bereits einen sehr hohen Wert erreicht hat, geht es dabei um eine sehr große Menge Geld. Man braucht also eine gehörige Portion Vertrauen, um sich mit einer Online-Wallet anzufreunden. Vielen Nutzern geht dieses Vertrauen jedoch zu weit.

### Hardware-Wallets

Hardware-Wallets sind, was die Sicherheit anbelangt, fast unschlagbar. Man kann sie abgetrennt vom Internet halten und nur dann verbinden, wenn man die Coins wirklich braucht, die auf ihnen gespeichert sind.

Eine Hardware-Wallet ist nichts anders als ein USB-Stick.

Dieser wurde für den Zweck einer Verwendung als Wallet ausgelegt und eignet sich auch nur dafür. Dank der normalerweise nicht vorhandenen Internetanbindung, braucht man sich nicht wirklich für Hackern zu fürchten. Auf der anderen Seite jedoch stehen die Anschaffungskosten. Einfache Hardware-Wallets fangen bei an die 20 € an und können in ihren besseren Ausführungen schnell 100 € erreichen.

<u>Paper-Wallet</u>

Wer es noch sicherer als die Hardware-Wallet mag, hat nur noch eine weitere Wahl, die Paper-Wallet. Diese sind nicht nur sicherer, sie sind auch noch kostenlos. Dafür aber ist ihre Herstellung mit einem gewissen Aufwand verbunden.

Eine Paper-Wallet ist, wie der Name es schon sagt, eine Wallet aus Papier. Genau genommen ist es eine Wallet, die man auf Papier druckt. Es mag widersinnig klingen, doch es funktioniert, digitales Geld auf Papier aufzubewahren. Das liegt daran, dass die Wallet nicht wirklich die Coins aufbewahrt. Sie ist nur der Schlüssel, mit dem man an seine Coins kommt.

Eine Paper-Wallet ist nicht online. Man kann sie also nicht hacken. Was Hacker jedoch können, ist ihren Herstellungsprozess zu kopieren. Die Herstellung selbst ist eigentlich sehr einfach. Dabei kann aber ein Hacker diesen Prozess nachverfolgen und dann eine Kopie der Wallet für sich erstellen. Um dies zu verhindern, wird der Prozess leider ein wenig komplizierter.

Als Erstes braucht man ein Programm, mit dem man die Paper-Wallet erstellt. Dieses Programm kann man online finden. Damit man aber wirklich vor Keyloggern und anderer Spysoftware sicher ist, sollte man seinen Rechner zuerst komplett neu aufsetzen. Dann geht man online und öffnet dieses Programm. Man braucht es nicht herunterzuladen. Das Gute ist, es läuft auch, wenn man es nach dem Öffnen vom Internet trennt. Aus Sicherheitsgründen sollte man dies nun auch tun. Also, erst das Programm starten, dann das Internet abschalten.

Hat man das Programm nun laufen und ist nicht mehr im Internet, kann man die Wallet einfach per Knopfdruck generieren. Dann muss man sie drucken. Der Drucker wiederum sollte keine Anbindung zum Internet oder einem Netzwerk haben. Er sollte nur mit dem eigenen Computer verbunden sein.

Ist die Paper-Wallet ausgedruckt, ist noch nicht die Zeit gekommen, sich zurückzulehnen. Stattdessen muss man auf seinem Computer die Datei mit den Wallets finden. Diese Datei besitzt nämlich eine Kopie der Paper-Wallet. Nun löscht man diese Datei. Vorsicht, ein Löschen der Paper-Wallet löscht auch gleichzeitig alle anderen Wallets auf diesem Rechner. Daher nutzt man am besten einen Rechner, auf dem sich keine Wallet befindet oder man erstellt eine Sicherheitskopie der Datei, bevor man seine Paper-Wallet darin erstellt. Man kann dann nach dem Löschen einfach seine Sicherheitskopie auf den Rechner wiederaufspielen.

Die Paper-Wallet enthält den privaten Schlüssel zu den eigenen Coins. Diesen kann man direkt oder als QR-Code verwenden. Aber auch hier hat die Sicherheit ihren Preis, auch wenn die Paper-Wallet an sich umsonst ist. Eine Paper-Wallet besteht nämlich aus Papier und dieses kann leicht beschädigt werden oder verschmutzen. Am besten bewahrt man die Paper-Wallet in einem verschließbaren Beutel auf oder man laminiert sie einfach. Wenn der Wert der Coins in der Wallet zu groß wird, empfiehlt sich auch die Aufbewahrung in einem Bankschließfach.

# Die Sicherheit

Die Blockchain ist ein Netzwerk. In diesem Netzwerk bewahrt man den Bitcoin auf und transferiert ihn. Ein Bitcoin stellt dabei einen erheblichen Wert dar. Deswegen ist es besonders wichtig, sich auch einmal Gedanken über die Sicherheit zu machen. Dabei kommt es auf die Sicherheit der Transfers, der Aufbewahrung, der Währung an sich und des Netzwerkes an.

### Die Transfers

Ein sehr wichtiger Punkt, den man sich mit dem Bitcoin immer vor Augen halten muss, ist, dass man seine eigene Bank ist. Das bedeutet, man trägt komplett selbst die Verantwortung. Das gilt vor allem, wenn man bei einem Transfer einen Fehler macht.

Im Falles eines falschen Transfers kann eine Bank eine Geldsumme einfach zurückholen. Im Falle des Bitcoins jedoch sind alle Transfers endgültig. Geld, das einmal transferiert ist, kann man nicht mehr zurückholen. Man kann auch nicht außerhalb der Blockchain etwas unternehmen, da man im Normalfall nur das Pseudonym des Empfängers kennt, aber nicht dessen wahre Identität.

Das Gleiche gilt auch für den Käuferschutz. PayPal und Co bieten hier Optionen an, die einen Käufer schützen, der die Ware zwar bestellt, dann aber nicht erhalten hat. Auch hier gilt für den Bitcoin, dass jeder Transfer endgültig ist.

Auf der anderen Seite weiß man, wenn jemand Geld transferiert, dass er dieses Geld nicht mehr zurückholen kann. Schon vor dem Transfer kann man überprüfen, ob der potentielle Geschäftspartner überhaupt über die benötigten Coins verfügt.

Für den Bitcoin heißt es eben, dass man alles selbst überprüfen muss. Dann aber bietet der Coin für die Transfers mehr Sicherheit.

### Die Aufbewahrung

So wie Bargeld samt Brieftasche von einem Taschendieb gestohlen werden kann, so können auch die Coins in einer Wallet gestohlen werden. Das größte Problem ist, dass ein Taschendieb sehr nah herankommen muss. Man kann diese Situationen einschätzen und sich wappnen. Im Internet dagegen kann ein Dieb hunderte oder tausende von Kilometern entfernt sein. Auf der anderen Seite kann man sich auch hier wappnen.

Wer eine Paper-Wallet benutzt, der weiß, dass die Gefahr nur bei der Erstellung und dann wieder beim Einsatz der Wallet lauert. Eine Hardware-Wallet ist nur in Gefahr, wenn sie sich im USB-Port befindet und der entsprechende Rechner online ist. Auch für die Desktop- und Mobile-Wallet besteht die Gefahr immer nur dann, wenn man online ist.

Solange man also keine Online-Wallet benutzt, besteht eine Gefahr nur in einem bestimmten Zeitfenster, immer dann, wenn die Wallet online kommt. Daher kann man sich wappnen. Anti-Viren-Programme, Firewalls und ähnlicher Schutz gehört zum Minimumstandard, wann immer man eine Wallet online bringt.

Für eine Online-Wallet ist es das Mindeste, dass man sich über den Anbieter dieser Wallet informiert. Je länger ein Onlinedienstleister solche Wallets betreibt, desto mehr kann man ihm vertrauen und desto mehr kann man online über ihn finden.

Weiterhin sollte man sich wieder der Verantwortung bewusst sein, die man trägt, weil man seine eigene Bank ist. In einer echten Bank identifiziert man sich. Dann bekommt man seine EC- oder Kreditkarte. Verliert man eine davon, wandert man nur wieder in seine Bank mit seinem Personalausweis und kann alles regeln. Beim Bitcoin liegen die Dinge anders. Ist die Wallet weg, dann gibt es keine Bank und kein anderes Institut, das einen identifizieren kann. Man hat also keine Chance, seinen privaten Schlüssel zurückzubekommen. In anderen Worten, Wallet weg, Coins weg. Daher sollte man bei der Aufbewahrung der Coins immer einen Gedanken an deren körperliche Sicherheit denken, solange man keine Online-Wallet benutzt. Die Wallet sollte nicht einfach verlegt, verloren oder gar gestohlen werden.

### Die Währung

Der Bitcoin wird seit 2009 gehandelt. Damit scheint es sicher zu sein, dass die Währung auch weiterhin erhalten bleibt. Daran aber kann man auch leicht Zweifel anmelden. Der Bitcoin als Währung kann auf verschiedene Weisen verschwinden oder einen Verlust bringen.

Als Erstes unterliegt der Bitcoin wie auch andere Währungen Kursschwankungen. Dazu kommt, dass der Bitcoin noch relativ neu ist, selbst wenn wir ihn seit dem Jahre 2009 kennen. Die Folge ist für den Bitcoin ein regelrechter Hype. Hypes jedoch bedeuten einen ungerechtfertigten Höhenflug. Während sich der Bitcoin also gerade mehr und mehr nach oben schraubt, wird damit auch mehr und mehr sein Absturz wahrscheinlich. Sollte der Absturz kommen, werden viele Halter des Bitcoins versuchen, ihre Coins abzustoßen. Damit wird der Wert des Coins noch weiter verringert. Damit werden noch mehr Bitcoin-Besitzer ihre Coins auf den Markt werfen.

Jetzt kommt aber das Überraschende. Währungen wie der Euro oder der Dollar können nicht einfach verschwinden. Sie sind ein gesetzlich anerkanntes Zahlungsmittel und Zentralbanken verwalten sie. Der Bitcoin jedoch verfügt nicht über eine derartige Unterstützung. Fallen die Kurse zu sehr, kann es leicht passieren, dass alle Bitcoin-Besitzer sich von ihren Coins trennen. Die Handelsbörsen stoppen ihren Handel mit dem Bitcoin und Umtauschzentren nehmen ihn ebenfalls nicht mehr. Dann aber springen auch die Läden ab, die den Bitcoin bisher akzeptieren und am Ende ist die Währung erledigt, denn niemand will sie mehr.

Ein anderer Weg für den Bitcoin, für immer zu verschwinden, liegt in der Aufsicht der Banken. Der Bitcoin ist anonym. Damit lässt er sich auch wunderbar für verbrecherische Organisationen verwenden. Geldwäsche, Drogengelder, alles lässt sich damit machen, Verschicken und Umtauschen einbegriffen. Wenn die Regierungen das aber nicht mehr hinnehmen und den Bitcoin überall verbieten, dann gibt es keinen Handel und kein Bezahlen mehr mit Bitcoins. Dann ist die Währung nicht mehr akzeptiert und damit keine Währung mehr.

Das ist aber längst noch nicht alles. Der Bitcoin hat eine Höchstgrenze von 21 Millionen Coins. Der Bitcoin kann nicht ohne Miner auskommen. Miner aber schürfen nur, wenn sie einen Profit für sich sehen. Wenn die Höchstgrenze erreicht ist, dann gibt es keine weiteren Coins mehr. Die Miner machen keinen Profit mehr und die Blockchain wird gestoppt. Das stoppt auch den Bitcoin wirkungsvoll.

Der Bitcoin kann aber auch auf die gleiche Weise, aber noch vor Erreichen der 21 Millionen Coins seinen Abgesang einleiten. Das liegt daran, dass die Rechenoperationen immer komplizierter werden. Irgendwann lohnt sich der Rechenaufwand im Vergleich zum Profit möglicherweise nicht mehr. Auch dann wiederum ist die Blockchain und mit ihr der Bitcoin erledigt.

### Das Netzwerk

Die Blockchain ist ein Netzwerk. Damit gibt es die klassischen Probleme vom Hacker bis zum Trojaner und dem klassischen Virus. Der Bitcoin ist wertvoll. Daher gilt umso mehr, dass man sich die wichtigen Schutzprogramme zulegt und diese auf dem neuesten Stand hält. Ebenfalls sollte man immer misstrauisch gegenüber unbekannten E-Mails und vor allem deren Anhänge sein. Ein wenig Wissen über das Internet und den neuesten Stand der Viren kann auch nicht schaden. Davon abgesehen gibt es an dieser Front nicht viel mehr, was man tun kann.

# Alternative Coins

Natürlich gibt es nicht nur den Bitcoin und dessen Blockchain. Der Bitcoin jedoch ist die absolute Nummer eins unter den neuen digitalen Währungen. Dies ist er sogar in mehrfacher Hinsicht. Als Erstes hat der Bitcoin den größten Anteil am Markt für digitale Währungen. Zweitens ist der Bitcoin der Coin, der den höchsten Preis erzählt. Drittens, und am wichtigsten, ist der Bitcoin der allererste der digitalen Coins. Damit ist er unumstößlich und für immer die Nummer eins. Das bedeutet aber nicht, dass er keine Konkurrenz hat. Die Welt der Coins unterteilt sich jedoch in zwei Bereiche, den Bitcoin und die Alt-Coins, die alternativen Coins. In anderen Worten, es gibt den Bitcoin und die anderen. Schauen wir uns einige der anderen, der Konkurrenten, hier einmal an.

### Der Ethereum

Der Bitcoin ist die Nummer eins, das steht fest. Ebenso steht fest, dass der Ethereum die Nummer zwei ist, denn dieser Coin kommt gleich nach dem Bitcoin in seinem Marktanteil, seinem Wert und seinem Erscheinen. So wie der Bitcoin, so verfügt natürlich auch der Ethereum über eine Blockchain. Mit dem Ethereum jedoch kamen auch die Smart Contracts.

Während die Blockchain des Bitcoins für den Bitcoin da ist, ist das Verhältnis zwischen dem Ethereum und seine Blockchain anders herum. Hier existiert der Ethereum nur zum Antrieb der Blockchain. Auch im Ethereum gibt es die Miner. Diese betreiben das Netzwerk und werden dafür mit den Coins belohnt. Im Gegensatz zum Bitcoin wird jedoch nicht nur der schnellste Miner belohnt. Da mehrere Miner mit der Berechnung eines Blockes beginnen und nur der schnellste gewinnt, belohnt das Netzwerk den Gewinner mit fünf Ethereum-Coins und den zweitschnellsten Miner mit immer noch drei Ethereum-Coins. Damit ist auch dessen Einsatz an Zeit und Energie nicht vergebens.

Während der Bitcoin mehr auf das Geld abzielt, zielt der Ethereum auf die Blockchain. Diese soll sich zu einem dezentralen App- oder Musik-Store entwickeln, indem die einzelnen Käufe mit Ethereum-Coins vorgenommen werden. Es geht vor allem um das Ideal, die Macht der Verkaufsplattformen und der Serverdienstleister zu brechen. Anstatt des gläsernen Menschen, der bei diesen Plattformen und diesen Anbieter all seine Informationen preisgibt, soll das gläserne Programm treten. Alle Nutzer sollen dann die Programme in dem dezentralen Netzwerk untersuchen können, während sie selbst anonym bleiben. Zur Verwirklichung dieser Ziele werden die Smart Contracts eingesetzt.

### Der Ripple

Der Ripple ist ein weiterer Coin mit einem weiteren Ziel. Er soll den internationalen Handel begünstigen. Dabei geht es nicht darum, andere Währungen zu ersetzen, sondern nur eine dritte Währung anzubieten, über die internationale Geschäftspartner ihre Verträge abwickeln können.

Zur Erreichung dieses Zieles geht der Ripple einen ganz anderen Weg. Als Erstes setzt der Ripple auf Geschwindigkeit. Die Transfers, die mit dem Bitcoin noch Minuten in Anspruch nehmen, sollen mit dem Ripple innerhalb von Sekunden vonstattengehen.

Weiterhin beugt sich der Ripple den Traditionen des internationalen Geschäfts. Dabei werden Waren bestellt und geliefert, aber erst nach deren erfolgreichem Verkauf bezahlt. Daher erlaubt es der Ripple, im Gegensatz zum Bitcoin, Zahlungen vorzunehmen, die nicht gedeckt sind. Damit kann ein Vertrag abgewickelt werden, doch die Bezahlung erfolgt erst später.

Auch beim Mining unterscheidet sich der Ripple erheblich vom Bitcoin. Kurz gesagt, mit dem Ripple kann man keine neuen Coins schürfen. Alle Ripple-Coins wurden bereits erschaffen. Die Hälfte davon befindet sich im Umlauf und die andere Hälfte wird von den Machern des Ripple einbehalten. Sie werfen sie dann je nach Lage und Preis auf den Markt.

### Der Dash

Nach dem Ripple kommt der Dash. Der Dash unterscheidet sich nicht so sehr vom Bitcoin wie der Ripple, aber Unterschiede sind vorhanden. Im Falle des Dashs geht es aber mehr um Detailverbesserungen.

Der Dash zielt mehr auf die Anonymität der Nutzer. Die Anonymität des Bitcoins kommt in Form der Pseudoanonymität. Jeder kann sich hinter einem Pseudonym verstecken, doch jeder kann sehen, was das Pseudonym macht.

Der Dash verhindert, dass jeder die Transfers von jedem Pseudonym einsehen kann. Dazu gibt es eine Reihe von Meistercomputern, die die Transfers genehmigen und die Blockchain pflegen. Nur diese Meistercomputer kennen die Transfers der Nutzer. Die anderen Nutzer können die einzelnen Transfers nicht einsehen. Damit ergibt sich ein weit höheres Maß an Anonymität.

## Der Primecoin

Der Primecoin ist zurzeit noch eine kleine Währung, doch er hat sich bereits fest am Markt etabliert. Beim Primecoin ist der Name Programm, denn der Primecoin widmet sich der Berechnung von Primzahlen, englisch prime numbers.

Bei den Berechnungen für den Bitcoin werden große Mengen an Energie verschleudert. Dazu kommt der Aufwand für die Beschaffung und den Unterhalt der Rechner und der Kühlanlagen selbst. All dieser Aufwand ist jedoch letztlich verschwendet. Das gilt umso mehr, als dass die meisten Berechnungen nur deshalb stattfinden, weil die Protokolle absichtlich schwerer gestaltet wurden.

Der Primecoin möchte diese Verschwendung bekämpfen. Beim Primecoin werden für die Blockchain ebenfalls Miner benötigt. Für ihren Aufwand bekommen sie als Entschädigung die Primecoins. Auch sie erhalten extra erschwerte Protokolle. Dabei bringt der erhöhte Schwierigkeitsgrad keine an sich sinnlosen Berechnungen. Stattdessen werden für die Wissenschaft wertvolle Berechnungen mit Primzahlen angestellt und das Ergebnis Universitäten zur Verfügung gestellt.

# Mit dem Bitcoin Geld verdienen

Der Bitcoin bietet mehrere Wege, um damit Geld zu verdienen. Das kann über das Mining, den Handel, die Anlage und das Funding geschehen.

<u>Mining</u>

Einer der direktesten Wege, an den Bitcoin zu kommen, ist das Mining. Dabei muss man jedoch bedenken, dass der Bitcoin schon eine Weile existiert und schon sehr viele Coins geschürft wurden. Daher ergibt sich hier als Schwierigkeit, dass man sehr viel in die eigene Rechenleistung investieren muss.

Heimische Computer eignen sich zum Mining überhaupt nicht mehr. Wer also wirklich eigenes Mining betreiben möchte, muss sich schon wohl oder übel besondere Mining-Computer mit ASIC-Chips besorgen. Dazu sollte man auch eine möglichst kostengünstige Energiequelle benutzen. Solarzellen würden sich zum Beispiel sehr gut machen. Eine ländliche Lage, in der Nähe von Wasser zur Kühlung, ist ebenfalls von Vorteil. Dort kann man im Zweifelsfall auch mit Windkraft arbeiten. Dazu muss man sich mit seinem Miningzentrum auch noch mit anderen Minern über eine Cloud zusammenschließen, falls man wirklich Erfolg haben möchte.

Wem diese zugegebenermaßen sehr aufwendigen Investitionen nicht liegen, der kann sich auch als Cloudminer mit einem gemieteten Miningcomputer versuchen. Hierbei sollte man aber den Markt genau beobachten und analysieren. Es bringt nichts, für einen Cloudminer einen hohen Mietpreis zu bezahlen, nur um am Ende keine oder nicht genug Coins zu schürfen.

Wegen dieser hohen Investitionen und den damit verbundenen Schwierigkeiten ist das Mining nur für Leute zu empfehlen, die sich sehr gut mit der Materie auskennen. Anfängern dagegen sollte man besser davon abraten.

### Der Handel

Der schnellste Weg, an Coins zu gelangen, ist der Handel. Dort kann man sich so viele Coins kaufen, wie man mag und wie man bezahlen kann. Um erfolgreich zu handeln, sollte man jedoch immer ein Auge auf die Kurse haben. Diese schwanken erheblich. Das wiederum bringt für den Handel große Vorteile. So kann man den Bitcoin oft kaufen und wiederverkaufen. Da die Schwankungen leicht bis zu zehn Prozent betragen, lohnt sich dieses Geschäft wirklich. Man muss aber einiges an Zeit investieren, um den Markt kennenzulernen und die Entwicklung des Coins abschätzen zu können.

### Die Anlage

Ähnlich dem Gold, so kennt auch der Bitcoin nur einen Weg: nach oben. Dabei mag es natürlich von Tag zu Tag erhebliche Schwankungen geben, doch insgesamt hat sich der Coin von einem lächerlichen Anfangspreis von weit unter einem Euro auf derzeit mehr als 2300 € pro Coin gemausert.

Eine Anlage ist keine Investition für einen kurzen Zeitraum. Man steckt eine bestimmte Summe Geld einmalig oder monatlich in den Bitcoin und behält die Coins dann für Jahre. Danach kann man diese Coins dann gewinnbringend verkaufen.

Der Bitcoin ist derzeit sehr hoch, daher fragt sich bestimmt der eine oder andere, ob sich ein Einstieg jetzt noch lohnt. Wenn man aber von den üblichen Risiken absieht, kann man diese Frage so beantworten. Wer von April 2011 bis April 2017 monatlich nur 10 € angelegt hätte, würde jetzt über den Gegenwert von 73000 € verfügen. Das klingt doch überzeugend.

Wer sich für diese Anlageform entscheidet, muss aber auch immer ein Auge auf den Bitcoin haben. Wichtig ist, schädliche Entwicklungen frühzeitig zu bemerken und dann die Währung rechtzeitig abzustoßen. Schädliche Entwicklungen können in einem Verlust an Minern oder einer beginnenden Aufsicht durch die Staaten liegen. Beides könnte die Besitzer des Bitcoins zur Aufgabe der Währung bewegen. Dann sollte man aber die Währung verlassen, bevor dir große Flucht beginnt.

## Das Funding

Das Funding ist zwar normalerweise mehr für neue Kryptowährungen interessant, doch es hat auch für den Bitcoin eine gewisse Attraktivität. Dabei geht es vor allem um zwei Arten von Projekten, die für ein solches Funding interessant sind.

Den Anfang macht der Aufbau eines neuen Miningzentrums. Dafür wird eine Menge Infrastruktur benötigt. Diese verschlingt natürlich viel Geld. Dazu muss dieses Miningzentrum auch noch die Arbeit aufnehmen und dabei erfolgreich werden. Das dazu benötigte Geld für die Anschaffung und den Anfangsunterhalt lässt sich durch das sogenannte Crowdfunding aufbringen. Ist das Miningzentrum aufgebaut und hat es angefangen, erfolgreich Coins zu schürfen, dann erhält man seine Investition in Form von Coins wieder zurück.

Ein anderes Projekt könnte die Forschung sein. Dabei geht es um das Entwickeln eines neuen Chips, der ähnlich des ASIC-Chips mehr Rechenleistung bei weniger Energieverbrauch bringt. Auch hier kann Crowdfunding die Investition in die Forschung finanzieren und dann die Investoren mit geschürften Coins entlohnt werden.

Gerade im Bereich des Crowdfundings gibt es aber immer wieder schwarze Schafe. Daher sollte man sich das Team, dessen Idee und dessen Plan genau ansehen. Dazu lohnt sich auch eine Recherche zu diesem Team. So kann man schnell sehen, ob man diesem Projekt sein Vertrauen und sein Geld geben kann.

# Wie muss ich dabei vorgehen

Eine Investition in Bitcoins ist eine zweischneidige Sache. Als Erstes gibt es die Verantwortung, denn man ist seine eigene Bank und es handelt sich dabei immer um eine Investition. Zweitens kann man damit sehr viel Geld verdienen. Gerade Letzteres macht viele Anfänger richtig blind und sorgt dann für Verluste. Daher denkt man lieber einmal zu viel als einmal zu wenig nach und man verwendet am besten nur Geld, dessen Verlust man verschmerzen kann. Es bringt nichts, das Geld für die eigene Miete zu riskieren und dann ohne Wohnung dazustehen.

Die erfolgreiche Investition beginnt mit einer sicheren Aufbewahrung der Coins. Gleichzeitig müssen diese immer verfügbar sein. Eine einzige Wallet kann dies nicht bringen. Daher kombiniert man am besten eine Online-Wallet für die Verfügbarkeit mit einer Hardware- oder Paper-Wallet für die Aufbewahrung. Die Online-Wallet verwendet man dann für den unmittelbaren Handel und transferiert all das, was man länger aufbewahren möchte, in seine Hardware- oder Paper-Wallet.

Als Nächstes braucht man eine Investmentstrategie. Dabei gibt es ein Zauberwort: Diversifikation. Hierbei streut man sein Investment in mehrere Bereiche. So kann ein möglicher Verlust durch einen Gewinn in einem anderen Bereich ausgeglichen werden. Natürlich gibt es Erfolgsstorys von Glückspilzen, die sich auf ein Investment konzentriert haben und dann richtig absahnten. Dies gleicht aber mehr einem Glücksspiel. Dabei gewinnen wenige und viele verlieren. Daher sichert man sich durch Diversifikation gegen solche Risiken ab.

Wer sich auf das Mining einschießt, der sollte sich zuerst über die Technik umfassend informieren. Dazu braucht man auch Wissen über die benötigte Dauer der Berechnungen und die Energiekosten. Diese rechnet man dann gegen die möglichen Gewinne. Da dieses Ergebnis in unseren Breitengraden negativ ausfallen würde, sollte man sich zumindest mit anderen Minern zusammenschließen. Cloudminer zur Miete dagegen sind oft überteuert. Daher braucht man hier sogar noch mehr Recherche.

Wer mit dem Bitcoin handeln oder ihn als Anlage benutzen möchte, geht in vielerlei Hinsicht gleich vor. Bitcoins kann man zum Beispiel direkt erwerben. Hierbei wechselt der Bitcoin direkt zwischen Käufer und Verkäufer. Um diese zu finden, geht man auf einen der vielen Handelsplätze wie zum Beispiel Bitcoin.de. Dort registriert man sich und kann direkt loslegen.

Die Verkäufer bieten auf diesen Plattformen ihre Coins zu ihren Preisen an. Sobald ein Käufer das Angebot akzeptiert, wird ein Vertrag abgeschlossen und Coins wechseln gegen Geld den Besitzer. Dieser direkte Handel bringt oftmals einen besseren Preis. Die Handelsplätze erheben aber eine kleine Gebühr. Damit erklären sich auch die Unterschiede in den Kauf- und Verkaufspreisen. Der Nachteil ist jedoch, dass man den Handel manuell betreibt. Man schaut nach Verkäufern und einigt sich mit diesen. Nichts geht automatisch.

Ein anderer Platz für den Handel sind die Börsen. Diese erlauben den Handel automatisch. Man gibt ihnen nur vor, wie viele

Coins zu welchem Preis man kaufen oder verkaufen möchte. Die Börsen bringen dann Käufer und Verkäufer, deren Vorgaben sich decken, zueinander. Dieser automatische Handel ist viel komfortabler als der Handel auf den Handelsplätzen. Dafür jedoch sind auch die Gebühren der Börsen höher.

Wer nicht so sehr auf Angebote aus ist, sei es manuell oder automatisch, kann auch die normalen Wechselkurse wahrnehmen. Dazu geht man nur zu einer der Online-Wechselstuben, wie zum Beispiel Coinimal.com, und wechselt seine Währung, Euros oder Dollar, in Bitcoins. Die Wechselstuben ihrerseits verkaufen dann die Coins auf Handelsplätzen oder Börsen. Während der Umtausch in diesen Wechselstuben der einfachste Weg ist, sind die Gebühren dort auch entsprechend höher. Für Anfänger jedoch sind Wechselstuben der beste Weg. Dabei entfällt auch die sonst übliche Identifizierung eines Accounts. Diese bürokratische Hürde muss man nämlich bei Handelsplätzen und Börsen erst noch überwinden.

Bitcoins kann man aber auch offline erwerben. Dazu geht man auf Bitcoin-Treffen, die zum Beispiel über Bitcoin-Treff.de organisiert werden. Dort können sich die Leute finden und nach Lust und Laune ihre Bitcoins gegen Bargeld transferieren.

Den Handel und die Anlage unterscheidet jedoch ein wichtiger Punkt. Der Handel legt es auf kurzfristige Kursschwankungen an, um einen Gewinn zu erzielen. Die Anlage jedoch läuft darauf hinaus, die Bitcoins über einen langen Zeitraum zu halten.

Die häufigen Kursschwankungen machen den Handel mit dem Bitcoin sehr attraktiv. Damit kann man häufig kleinere Summen einstreichen, die sich dann über die Zeit lohnen.

Der über die Zeit ständige Anstieg des Bitcoins ist auch für die Langzeitanlage sehr gut. Aber hier sollte man eine gehörige Frustrationstoleranz mit einem Bewusstsein für Gefahren verbinden. Die Frustrationstoleranz braucht man, um den Bitcoin auch dann zu halten, wenn er kurzfristig einbricht. Diese Einbrüche sind nicht selten und man muss sie durchhalten, um einen Gewinn einzustreichen. Gleichzeitig muss man erkennen, wann der Bitcoin wirklich in Gefahr gerät. Dann sollte man sich als Erster davon verabschieden, um nicht in den Abwärtsstrudel gerissen zu werden.

Funding-Projekte wiederum kann man entweder direkt auf ihren eigenen Webseiten oder auf Crowdfunding-Plattformen finden. Hierbei ist es aber immer wichtig, dass man sich mit dem Projekt sehr genau beschäftigt, bevor man investiert. Das dient nicht nur dem Erkennen von schwarzen Schafen. Man muss auch den Erfolg des Projektes abschätzen können, bevor man sein Geld darin investiert. Ein tieferes Verständnis der Materie ist hier eine unbedingte Voraussetzung.

# Welche Fehler sind zu vermeiden

Der Bitcoin ist online. Auch wenn es hart klingt, aber das Internet ist ein Tummelplatz für Betrüger und Hacker. Das sollte man nicht vergessen, wenn man darüber nachdenkt, in den Bitcoin zu investieren.

Wie schon gesagt, ist man seine eigene Bank. Daraus ergibt sich auch ein Umstand, den viele Leute gern vergessen. Wenn jemand eine Bank ausraubt, sei es in der realen Welt oder als Hacker online, dann wird die Bank bestohlen. Das geraubte Geld wird nicht von den Konten abgezogen. Die Bank macht den Verlust und die Kontoinhaber verlieren kein Geld. Wird jedoch die eigene Wallet ausgeraubt, dann ist das eigene Geld futsch.

Weiterhin sind Sparanlagen in Deutschland abgesichert. Mit einem Einlagensicherheitsfond bekommt man bei Bankenpleiten sein Geld noch immer bis zu maximal 20000 € durch diesen Fond ausgezahlt. Geht jedoch online etwas mit dem Bitcoin schief, zum Beispiel ein erheblicher Wertverlust oder gar ein Verschwinden der Währung, dann gibt es keine Sicherheit dafür. Das Geld ist einfach weg.

Davon ausgehend sollte man nie sein gesamtes Geld in Bitcoins umtauschen. Man sollte das Geld gegen Hacker und Viren abgesichert aufbewahren. Wer sein Geld sparen will, sollte es auf einer Bank tun. In den Bitcoin jedoch sollte man nur investieren, was man auch problemlos verlieren kann.

Sebastian Wilde

Sehr oft bieten die Online-Börsen und Handelsplätze ihre eigene Online-Wallet an. Diese sind zwar interessant und nett, doch man sollte nie alle seine Coins dort aufbewahren. Besser, man bewahrt seine Coins in einer Hardware- oder Paper-Wallet auf und bringt nur die Coins, die man handeln möchte, in diese Online-Wallets. Die Börsen gehen nämlich schneller Pleite, als man das als Otto-Normalverbraucher glaubt. So hat sich die Börse mit dem schönen Namen Cryptsy bereits vom Markt verabschiedet und nahm gleich alle gespeicherten Coins mit.

Börsen und Handelsplätze haben Regeln. Diese Regeln sind aber ihre eigenen Regeln und daher können sie sie ändern. So setzte die Online-Börse Vircurex einfach die Zahlungen mit Bitcoins aus. Wer dort Bitcoin lagerte, musste diese nun verkaufen oder in andere Währungen umtauschen. Beides war natürlich mit Verlusten verbunden.

Börsen sind auch vor Räubern nicht sicher. So schafften es Hacker, sich durch die Sicherheitsprogramme der Börse Mintpal zu arbeiten. Am Ende stahlen sie alle Coins und die Börse verschwand vom Markt.

Auch bei anderen, alternativen Coins muss man sehr vorsichtig sein. So ist der Paycoin ein berühmter Fall eines sogenannten Schein-Coins. Die Macher dieses Coins stellten den Coins selbst her und kopierten ihn beliebig oft. Als sie genug Profit mit dem Verkauf gemacht hatten, verschwanden sie einfach mit dem Geld.

Betrug ist aber nicht unbedingt nur auf Schein-Coins beschränkt. Eine Bitcoin-Bank erwies sich bereits komplett als Betrug.

Dabei handelte es sich um die Bank Neo & Bee. Diese Bank nahm einfach die Coins der Nutzer und verschwand damit.

Wenn Börsen und sogar Banken ein solch fieses Spiel bieten, denken sich einige, ist man außerhalb davon vielleicht besser beraten. So werden Bitcoins auch auf Ebay angeboten. Dabei wird häufig über PayPal bezahlt. Es gibt jedoch ein kleines Problem. PayPal und Bitcoins arbeiten nach einem sehr unterschiedlichen Prinzip. Die Transfers eines Bitcoins lassen sich nicht rückgängig machen, die Zahlungen per PayPal aber schon. Daher werden PayPal-Zahlungen nach dem Transfer der Coins oft widerrufen und der Verkäufer geht leer aus. Die Coins kann man dann noch nicht einmal zurückfordern, denn es herrscht das Prinzip der Anonymität. Daher Hände weg von einem Verkauf gegen PayPal.

Wer noch weitere negative Beispiele für Betrügereien braucht, kann sich auf der Seite Badbitcoin.org umschauen. Dort werden die Seiten aufgelistet, gegen die Ermittlungen wegen Betruges in Verbindung mit dem Bitcoin laufen. Gerade die Anonymität des Coins erlaubt es, Betrügereien erfolgreich zu verhindern. Daher sollte man immer einer Faustregel folgen: Was zu gut klingt, ist meist gelogen.

Von solchen direkten Betrügereien einmal abgesehen, bringt der anonyme Bitcoin noch eine alte Plage zurück: die Pyramidenspiele. Diese Spiele werden als Einlagenspiele entworfen. Dazu bringt man so und so viele Coins ein. Dann findet man andere Spieler, die ihrerseits Coins einbringen. Von diesen Coins bekommt man dann einen Prozentsatz. Dabei macht ein solches System keinen Profit. Es lebt davon, dass man immer neue Mitglieder anwirbt, die immer neue Coins einbringen. Irgendwann findet man keine neuen Mitglieder mehr und das System bricht zusammen. Diejenigen, die an der Spitze der Pyramide stehen, erhalten einen Anteil an allen Zahlungen. Diejenigen, die direkt unter ihnen stehen, werden ebenfalls gewinnen. Die darunter jedoch werden ihr Geld wahrscheinlich nie wiedersehen.

Wichtig ist, von solchen Versprechungen, dem Einzahlen von wenigen Coins heute und dem Erhalten von vielen Coins morgen, einfach Abstand nimmt. So kann man diese Pyramidensysteme vermeiden. Man sollte ohnehin nie Geld in etwas investieren, dass man nicht komplett versteht. Wenn also Pyramidenspiele ihr System nicht komplett erklären, dann Finger weg. Wenn sie es aber erklären und man sieht, dass es ein Pyramidensystem ist, dann lässt man ebenfalls die Finger davon.

Das Funding von Mining-Hardware ist ein weiteres, gern genutztes Betrugsschema. Die Miner arbeiten dabei angeblich an neuen Chips, für deren Entwicklung sie Geld brauchen. Investoren erhalten dann einen Anteil an den geschürften Coins. Der Betrug erfolgt dann auf einem von zwei Wegen. Entweder arbeiten die Miner wirklich an einem neuen Chip, denn man sogar vorbestellen kann, doch sie behalten ihn und die geschürften Coins für sich selbst, oder die Miner arbeiten überhaupt nicht an neuen Chips und sahnen nur das Geld ab. Man muss also sehr genau überprüfen, wer sich hinter den Funding-Projekten verbirgt und welche Ziele mit welchen Mitteln erreicht werden sollen.

Wie soll man also bei Investitionen vorgehen? Sehr, sehr vorsichtig. Wo Geld ist, da ist Betrug nicht weit. Dazu kommt, dass der

## Bitcoin

Bitcoin und seine Blockchain noch neu sind. Daher verstehen die meisten Investoren nicht, was sich wirklich dahinter verbirgt. Das öffnet natürlich windigen Personen Tür und Tor. Also, von allem, was man nicht versteht, lässt man die Finger. Ansonsten streut man seine Investition und man lässt nicht alle seine Coins in seiner Online-Wallet.

## Im echten Leben

Viele Menschen stehen dem Bitcoin sehr skeptisch gegenüber. Das macht auch Sinn. Diese Währung ist neu und hat sich noch nicht bewährt. Sie wurden nicht verboten, doch Banken mahnen zur Vorsicht. Sie sind nicht stabil, sondern weisen erhebliche Kursschwankungen auf.

Der Bitcoin ist jedoch schon einige Jahre am Markt erhältlich und hat sich fest etabliert. Dennoch ist er im Grunde genommen nichts weiter als ein Fantasiegebilde, das nur im Internet existiert. Es ist eine Idee, die sich heute verkauft, aber morgen vielleicht schon keine Akzeptanz mehr findet.

Besonders weil der Bitcoin neu ist, eignet er sich besonders für Betrug. Das Wesen der Anonymität, die fehlende Regulierung und die fehlende Aufsicht begünstigen dies noch. Die Menschen erhalten damit ein immer größeres Maß an Verantwortung für sich selbst. Was mitunter schon eingefleischte Bänker überfordert, ist nun ein Problem der Durchschnittsbürger. Gerade deswegen fühlen sich viele überfordert und zögern mit einem Einstieg in den Bitcoin.

Denken wir aber zurück. Das Geld, das wir heute verwenden, ist auch im Prinzip nur ein Fantasiegebilde. Sein Wert kommt nur von einem billigen Aufdruck. Auch mit diesem Geld wird gern betrogen und dennoch hält es sich. Es ist schlichtweg eine Notwendigkeit. Wenn der Bitcoin selbst eine Notwendigkeit wird, wenn er eine Lösung für ein Problem des Marktes ist, dann wird er auch erhalten bleiben.

# Bitcoin

Genauso gut kann der Bitcoin sich aber auch in eine andere Richtung entwickeln. Er kann mafiöse Strukturen, Drogen und Schmuggel begünstigen. Er eignet sich hervorragend zur Geldwäsche. Wird die Welt des organisierten Verbrechens den Bitcoin übernehmen, dann findet er ein jähes Ende. Dann kommen Verbot und Verfolgung.

Überlebt der Bitcoin jedoch seine Anfangszeit, dann ist er mit seiner bisherigen Steigerungsrate eine der besten Investitionen überhaupt. Nun bleibt es jedoch schwer, abzuschätzen, welchen Weg der Bitcoin nehmen wird. Das Potential für den Durchbruch existiert ebenso wie das Potential für den Untergang.

Am Ende ist es nicht nur eine Frage des Bitcoins, es ist auch eine Frage des Investors. Wer mit gesundem Menschenverstand vorgeht, dabei vorsichtig agiert und sich auf dem Laufenden hält, der kann die Gefahren und die Potentiale abschätzen. Dem gelingt es, den Bitcoin oder eine andere Kryptowährung in seinen Aufzug zum Erfolg zu verwandeln. Wer zu ungestüm vorgeht, sich zu unnützen Risiken verleiten lässt, dem droht der Absturz, selbst wenn der Bitcoin als Währung Erfolg hat.

www.ingramcontent.com/pod-product-compliance
Lightning Source LLC
Chambersburg PA
CBHW050015230526
45470CB00003B/976